Life 02

mariwo

yo no hito

Million years bookstore

世の人

マリヲ

百万年書房

目次

世の人

ダルク体験記

三回目の逮捕の後、もう本当にダメかも知れない、という気持ちと、確実になった刑務所生活を一秒でも短くしたいという気持ちから、ダルクに通所することにした。

アルバイトとダルクを両立させていること（社会生活に問題がなく薬物依存を認めその治療にあたっていること）、家族、友人との関係が良好であること（社会的な受け皿があること）が、裁判において有利に働くらしいということをプッシャーの友人に教えてもらったからだった。

初日は面接のみで帰宅した。

帰りのコンビニでビールを買って呑んだ。

当時僕は保釈の身で、身元引き受け人となってくれていたアキ姐宅に居候させてもらっていた。アキ姐に、贅沢なもので、あまり僕の時間に干渉するな、と言ってひとりでぷりぷりしていたのを覚えている。行きはふたりで、帰りはひとりで帰宅した。


清掃のアルバイトに週二回、ダルクに週二回のペースで出席することにした。タバコもドラッグももう絶対やめようと拘置所の中で決めていたけれど、釈放初日の友人宅のベランダでアメリカンスピリットを吸い、洗面所でコカインを吸った。

もう刑務所入るしなあ、という気持ちだった。

音楽も聴いていなかった気がする、全部なんとなく世界が過ぎる、それでもミーティングに参加するたびにずっと後ろめたい気持ちがあった。それは、でも、別に日常の生活でも確かにあって、後ろめたくない世界というのは非現実的な空間だけだった。でも今や非現実的な空間にも後ろめたさが充満しているので、ドラッグでもそれは解消しないことだった。

ダルクに通所するにあたって、ニックネームを決めなければいけなかった。匿名性を尊重する所の方針によってだった。マリヲです、と言った。ヲは難しい方のヲです、そうですくっつきのヲ、ヨみたいなヲです、別にどっちでもいいですけれど、という何回も繰り返してきた自己紹介で、また今までと同じように世界が作られていく感触があった。

嘘をつき続けないといけないみたいな、いい子ちゃんのふりですね、自分の一挙手一投足が記録されて裁判に投影されるんじゃないかとかも思っていたし、とにかくミーティングは苦痛でしかなかった。

ミーティングの前と後に、自分なりのとカンムリはついてはいるけど「神」の前ですべてを放棄すると約束するのも嫌だった。神《エホバ》はいないとタンカを切って生きてきて、説得力のひとつもあれへんな、神も仏も無いな、と思っていた。

司会者は大体、長く入寮しているゆうじくんか、リーダーシップの得意なムーやんがとる。司会者がＮＡ（ナルコティクス　アノニマス）発行の「今日だけ」という文献を読み、「今日どうしても話しておきたいテーマをお持ちの仲間はいますか」と言い、いなければ司会者がテーマを決めてそのテーマに沿って話をする。

テーマはだいたい「失敗したこと」とか「後悔」とか「自分がやってきたこと」みたいなことで、参加者の膿を出す効果を狙ってのことだと思う。俺はここまでこんなことをやってきた、だけどもう無理だ、もう普通に生きたい、という人と、仕方なくここに依存している人、入寮者と通所者、さまざまな立場の人たちが仲間として治療に取り組んでいる。ただひとつだけみんなに共通していることは、向精神薬を服用していることと田代まさしが好きということだけだった。刑務所の面会窓口から母親が「田代まさしみたいにならないで」と言ったことを話すと絶対にウケた。

ダルクの方針のひとつである「ゆっくり、一生をかけて治していこう」の精神からか、ミーティング会場ではどんよりとした倦怠感が充満していて、それは刑務所の中のあの空気とほとんど一緒だと思った。ここも、じっと時間が過ぎるのを見ていればいつか何かが変わるだろうと待っている、そういうところなのかなと、専門用語や独特のルールに少し慣れたくらいで思った。

ビッキーさんはもともとハードコアバンドのボーカルで、属しているようで属していなかったので、しかもグレイトフル・デッドのTシャツをいやらしくなく着ていたのでずっと気になっていた。入寮者の独特のファッションは今でも街ではっと分かる。よくミーティング以外で話をしようとしていて、あとは猫フーさんか、彼とは地車囃子《だんじりばやし》の話をよくしていて風邪薬の特にエスタックの中毒だった。猫フーさんは逮捕されなくて、支援者によって保護された時、三畳間いっぱいのエスタックの外箱の中で寝ていたらしい。保温性があるだろうし快眠だっただろうと思う。

みんな風呂に入っていないで会場に来る。会場は紫煙で汚れていて、ある一方はもたれる壁がクローゼットのドアだからそれは外れていて、一点に寄りかからないと完全に外れる。端っことか隅っこが好きなのでそこには座ったことがない。

トモキは中央の祭壇みたいなソファでミーティング中ずっと寝ている。それを注意された時、すごく怒った目をして謝る。仲間の裁判傍聴の時の服装が、肌着の白いTシャツにサンダル履きだった時も同じような目で怒っていた。よだれがずっと垂れていて、今はちゃんと西成《にしなり》で立ちんぼができているから安心だとディオから聞いた。ディオは実家が裕福だから、生活保護をもらわなくても実家からの支援で安くない入寮費用を賄《まかな》えている。だから他の入寮者とはちょっと俺は違うんだみたいに拗《す》ねたり酒を呑んだりしているけど、聴いている音楽は一昔前のダンスホールレゲエでおまけにセッキャバが好き、家族には見放されている。家族がお金だけを出すから、という姿勢になっている時なんでかすごく虚しい気持ちになる。

何でもいいよといつも言うしげじいは、温かいものを食べると必ず鼻水を垂らす。米はほとんど食べない、もう五年この生活を送っているとみんなから聞いた。しげじいはちょっとしたアイドルだった。大阪で有名だったシーラカンスというヒップホップクルーのDJ、K-MOON《ケイムーン》のビートアルバムが会場に置いてあったけど、これ聴きましょうよとは未だになんだか言えていない。ラジカセ潰れてたし。

　ほとんど全員が覚せい剤の中毒者であるため、僕を含めて家事など忘れてしまっている人たちが多い。それも含めて、昼ご飯をみんなで作って食べるということも治療の一環みたいに行われる。十七年入寮しているゆうじくんは、シンナーに問題があるが元調理師とのことで、彼が調子のいい時は酢鶏が食べられる。おいしい。しかし彼が調子のいい時はほとんどないので、そんなときは万代《まんだい》のトンスーシャー（細切りの豚肉とニンニクの芽の甘辛いため）が多い。炒めるだけだし、ひとり三百円という予算にもぴったり合う。おいしいけど、あまりにもこればかりだとうんざりする！　と立ち上がったのがムーやんである。唐揚げ、チャーシュー丼、具だくさんラーメン、揚げ物盛り合わせ、麻婆丼、男の料理がそれからムーやんの出席する曜日は並ぶことになった。みんなムーやんの料理が食べたいし、あれを買って来て、人参の皮剥いといて、揚げ物の時間の間に米炊けるやろ、というリズムがとても気持ちよくってちょっと僕も心酔していた。自転車の鍵を失くした時、一瞬でぶち切ってくれたのもムーやんで、そして、おそらく同じようにもっと深く心酔していて、一緒に通所していたのがじろうくんである。昼ご飯が終わってからしばらくみんなタバコを吸ったり昼寝をしたりするけど、じろうくんは食べるのが遅いので（刑務所を経験している僕たちが速いだけと今は分かる）自然と中毒者特有の自由時間のいやらしいくだらない話を、肉と一緒に顔をしかめて食べている印象があった。

ムーやんは全方位型で話をするけど、料理も話もちょっとずっと飽きている感じがあって、そこはじろうくんの意見の突き刺せる場所でもあった。

もうホントにやめるの？　地球が終わるって分かっても？　余命宣告されたら？　という質問に、番町特有のキツい神戸弁で、んなもん終わるわっきゃあれへん、というじろうくんがちょっと気持ちよかった。それに知らない音楽をたくさん教えてくれた。

文章を書くと決まってから衝動的に書いていて、丸山健二の『小説入門』を読んでみたはいいけど、そこには書いている最中に自分の書いた文章を読み返すなと書いてあって、そのとおりだと思う。今も何回目かの読み返しの途中だし、酒も麻薬も文章には邪魔なものと書いてある。だけどダルクで今も起こっていることは書いておきたいし、書かないといけないとなぜだか思うので、続けます。

午後のミーティングが終わってしばらくみんなで話していると、女性の入寮者が近くのラーメン屋の勤務を終えて帰ってくる。特有の、オンナノコと話すとテンションが上がる男たちのあれな感じで、でもその時間はけっこう好きだった。

働き者で切れ者のリャンとカナ、ふたりは元気印で楽しい。離れて暮らす息子のこととか、安いタバコを見つけたとか、昨日はここでトシとケンヤがつかみ合いの喧嘩になった、とかいう話をする。彼女らを含む女性の入寮者は、女性は基本的に入寮しか対応していないが、週に六日、月一万円の月給（現物支給、現金はナシ）でダルク経営のラーメン屋で働く。生活保護の残りのお金は、彼女らが寮を出る時の初期費用として貯められている。

それにしても！　自分と比べるとどんなに厳しい状況で治療にあたっていることかと思う。男性の入寮者より、平均確実に長い時間が治療には必要とされる。男性は一日二千円の雑費が支給されるのに比べて、女性は電車賃以外はすべて現物支給である。いかに女性が薬物に対して無力であるかということを置いておいても、そういう世界の、女性の利用のされ方、振る舞い方、振る舞われ方を思う。だから男性は、オトコはオンナにそれだけ依存しているということで、その逆もそうで、よく何々を取ったら彼に何が残るかとか、それはそもそも何も無いのだから、オンナをはじめ、ドラッグとか酒とか、タバコとか、本とか、洋服とか、何もないところにどんどん入れて、オトコはどんどん膨らんでいくのだと思う。

オンナに身体を売らせてその金でドラッグを買って、気分が悪かったら怒って怯えさせて、ドラッグ漬けにして逃げられないようにするとか、マンガの世界のことじゃなくて、細かな設定は違えどすぐそこで起こっていることだと知った。おまけにそれは自分もそのとき同じような気持ちになっていたことも怖くて、その気持ちの底には薬物以外で人を自分の許へ引き止めておくことができないという寂しさと欲望と、何にも無さがあると気付いて寒気がした。すぐにちんこ膨らまして、しょうもないオトコばっかや。そもそも何にも無いオトコが、無理して何者かになろうとしてなれなくて挫折した者が集まるここで、またもう一回何者かになろうとしていることが間違いなので、さて自分には本当にやりたいことがあるのか？　とか、さて何もなくなったら自分には何が残る？　とかの話をしたところで、だからしげじいは正直だと思った。しげじいはご飯食べて、話聞いて、寝ること、と言っていた。死んでいるということ？　でも僕、しげじいがもう少し若かったら、軽蔑したりしていなかったかなあ、ビッキーさんはなんかバーみたいなこと、と言うし、ディオは彼女を作って田舎に住むこと、僕はそれらを実現もきっとできないし軽い夢だと思ってしまったけど、無いなら無いと言えば良いのにと思ってしまったけど、自分のやることで自分が少し気持ちいいところに行きたいというか、いつも言葉にはできにくいのでなんか作りたいですねとか濁してしまうけど、また濁している、そんなことは人間の夢の軽い重いで言うと同じくらい軽いし格好悪い、何にも誇れることじゃない。仕事をして、お金がある程度あって、大事な人が笑っていて、これは当たり前というか、その暮らしの中でもほんの一瞬だけの、幸せなこと、気持ちのいいこと、目を見開くこと、息をのむこと、感動して涙が出ることなど、これらは本当に一瞬で、一瞬でなければ良いのにといつも思うけど絶対に一瞬だから、毎日を丁寧にそっと生きなくてはいけないと思う。

だから原理はそこで、母親に嘘をついて学校を休みだしてからだんだん無くなってしまったような胸が痛むこと、他人を騙すとか利用するとかに最終的に膨らんでいってしまうようなことを、見過ごさないで、しないで生きるにはドラッグはもちろんそれが当たり前なところにいては不可能だと思ったので、違和感はどこにでもあるからそれをまず共有することから始めたくて、それは今言葉にできているけどその時はもっと無理で、ダルクにもそれを共有できる人は本当のところいなかった。

全部嘘だし全部本当のことですというような、二日酔いのときはすごく人に冷たくしてしまうし、それを翌日も同じことできるわけないし、二年前、三年前に思っていたことがいきなり蘇ってきて同じような気持ちで同じような暮らしをしてしまったりすることもあるし、暮らしだけが先行して、頭が追いついていないこともある。少しだけましな今の暮らしを一斉に、総動員して守ろうと、爆発させようとこういう風になったのはほとんど奇跡なんだと思います。

ダルクの職員も、みんな元中毒者で、だから自分も治療の途中であると、自分はやめている期間が長いだけの人間だけれど、その分のアドバイスはあげれるよと言ってくれる。とっぷり話す人がじろうくん以外いなかったので、たぶん問題はそこじゃないと思いながら、難しい言葉の意味や（ハイヤーパワーとは?・）、実践が難しい作業（棚卸しとは?・）、のことについてそれぞれいろんな人に教えを請いに行ったりして、新しい発見を自分の中に入れたかった。でも感動するのはたまにのことで、面接も資格もまったく要らない誰でも参加できる夜のNAミーティングでのことが多かった。

切れ目で狂って、実家の車を素手でぶっ壊してしまって親に謝りたいといって泣く人の声とか、僕はトランスジェンダーでジャンキーでハゲてるから、と言って笑う白血病患者のすかすかの笑い声、刑務所から地元に帰って来てすぐ、いや今も実はキマっているけど、ホンマはもうやりたくないけどしょうがない、俺には命より付き合いが大事やから、というやくざのしわがれ声、昨日またやってしまってどうしたら良いか分からないと言ってふたりで泣く四十代のカップルの、声とかだけだった。魂そのままの声だった。やりたいとやりたくない、よく思われたいとどうでもいい、嫌と最高が全部混じっていた。本当に普通になりたくて、でも普通じゃ満足できないのも分かっていて、それが良いのか悪いのかも、今の自分に決めさせることができなかった。みんなそうだったと思う。

慣れてきたミーティングのとき一様にみんな猫をかぶるのはなぜだろう。

そういう時期もある、が絶大な力を持っているのはなぜだろう。

リャンが全然笑わない時にそばにいるのはいつも誰なんだろう。

十七年おったゆうじくんをもっとひどい呂律のままでいきなり出すのはなぜだろう。

絶対誰にも言わんといてな、息子が結婚するねん、一緒に住めるかも知れんけえやっと出れるわあと言ってるカナは誰に怯えているのだろう。

じろうくんは今もしんどそうやし、澱《おり》を抱えてどこにどうやって出そうかその方法も分からずにいてる感じを感じないのはなぜだろう。

テツは高齢の母親と一緒に暮らしていて、ヘルパーが来ている時だけ街に出て徘徊している、その姿はほんまに粘っこくて気持ちが悪いこと、あとケイがコンビニで傘をジジイにパクられて殴りそうになったと言っていることとか、街の中では絶対にダメだけど、この中では大丈夫なのはなぜだろう。

警察に捕まらない、薬物をやらないだけで褒められるのはなぜだろう。

家族のルール、ふたりのルール、仲間のルール、みんなのルール、仕事場のルール、インターネットのルールを、破らないようにいるのはなぜだろう。

僕はこういう風に変わろうと思うんです、と言うことのほとんどは嘘だけれど、でもそこから言っていこうという感じの、ミーティングの中で答えの出ない話題は明らかにみんな嫌がった。昔の話をした。ダルクの職員が裁判で証人として発言してくれた。懲役一年四か月のうち、四か月を一部執行猶予とする判決だった。

判決を読み上げた後、裁判長が、私のことを覚えていますか、と言った。あれは落書きではありません、汚い街をペンキで綺麗にしているんです、街が汚いから僕は覚せい剤をやってしまうんです、と無茶苦茶な言い訳をした二回目の裁判と同じ裁判長だった。今回は本当に止めたいと思っているようですね、これは言ってはいけないのですが、わたしは応援していますよ、と言って笑った。らっきょうを思い出した。

釈放後、一部執行猶予の期間、ダルク、NA、二週間に一回の尿検査と保護司との面談、病院でのミーティング、に行けるだけ通った。ダルクに近い淡路に引っ越し、サイクルショップすずめで三千五百円の自転車を買って、土井さんに会った。二回目に話した時は、ポスターが貼ってあったから、Struggle《ストラグル》 For Pride と she luv it の話をした。ずっと酒は呑んでいたけど、悪いとは思わなかった。ドラッグをやらないつまらないオトコに、音楽も言葉も書けないとひねては、家でこそこそ中指を立てている感じだった。

土井さんが、店を一緒にやらないかと言ってくれた。僕なんかという気持ちと戦うのに時間がかかってしまった。やります、と言ってまず店の名前を十個考えていったがそれは本当にひどいものだった。タラウマラと名前がついた。ダルクにはいつの間にか行かなくなっていた。

この間、ダルクと密接な関係にあるフリーダムという施設のジェームス、彼は唯一、酒は頭打つまで止めなくていいよ、俺も止めていなかった、止めたいと思う時に止めたら良いというファンキーな人で話が合った。その人がタラウマラの前を通ってくれたので話をした。よくみんなに街で会いますよ、とか、元気ですか、会いに来てくれて嬉しいです、などと話していて、その間に近所の子どもらが空気を入れに来てくれた。手を振って、早よ帰りや、と言って子どもらが帰る。いつもの光景で、ちょっと僕は得意になっていた。

ジェームスは僕の寝不足の赤い目を見て、口に人差し指と親指を当てて、やるのはいいけど、ほどほどにしいや、と言って電動自転車で帰っていった。
僕はコンプレッサーに両手を置いてかがんで、ちょっと、いや、かなり大きい声で、そうかあ！　せやんなあ！　と言った。

ダルク＝ＤＡＲＣ（Drug Addiction Rehabilitation Center の略）。民間の薬物依存症回復支援施設。

土井さん

哭いているような　長崎の町
雨に打たれて　ながれた
ふたつの心は
かえらないかえらない　無情の雨よ
ああ　長崎　思案橋ブルース

呼んでくれるな　俺のなまえを
もどりはしないさ　昔の

気ままな　この俺
忘れてよ忘れてよ　つれない雨よ
ああ　長崎　思案橋ブルース

夢は捨てたのさ　今のこの俺
じっと孤独をかみしめ
お前を好きだと
いってみたいってみた　冷たい雨に
ああ　長崎　思案橋ブルース

「思案橋ブルース」

哭《な》いているような、の、い、の部分でメロディの上がったり下がったりをついしてしまいがちだけれど、本当は同じような音程で進んでいくので、うっかり歌謡曲の懐の深さと思ってしまうけど、それはこの歌の、今までの歌い込みひとつがそうさせていると思う。

歌う人中井昭は、義手が分かるほどの無情を歌番組で歌い上げる。けど、個人的にこの曲の一番感情が動くところは、二番の忘れてよ、のところのす、から、れ、にいくところの巻き舌にあって、それは歌番組ではカットされている（その代わりにその歌番組では、一番のかえらない、の部分のえ、から、ら、にいくところが誇張されて巻き舌になっていて、サービスというか、よけいにこの歌の歌い込みがグッと入ってくる）。サビのメロディの感じとか、哭いているような、から先はずっとファルセットで進むところとか、これは絶対に良い曲だからと言ってそのまま過ぎていかないような迫力がある。売れる曲だとレコード会社が思っていないだろうというような、歌に後から物語が引っ付いてくるような気持ち。

これは園まりの「逢いたくて逢いたくて」のレコードにも思うし、「思案橋ブルース」「逢いたくて逢いたくて」と頭がこう来ると、次は絶対土井さんのことを思い出すし、今の土井さんのことも思う。

土井さんとは僕が薬物治療でダルクに通うため、阪急淡路駅近くのアパートに引っ越してきた直後に出会った。

　淡路はどうしても自転車がないとしんどかった。サイクルショップすずめは駅の近くにあって、オパールくんのCDとか、Struggle《ストラグル》 For Pride、she luv it、PSYCHO PATCHのポスターが貼ってあるのに激安で、病み上がりのテンションの僕にはハードルが高い気持ちがして、しばらく歩いて通りすぎるだけだった。その度にどでかいStruggle For Prideのポスターにたしなめられている気持ちだった。おまえそんなんでどうすんねん、というような。

　ダルクに通うために、生活保護の受給が必要だった。治療に専念しないと仕事も長続きしないという統計は本当だと思う。すぐに再犯してしまう、ストレスを感じるとすぐ薬物に変換してしまう傾向は、施設利用者のほとんどがそうで、僕もそうだった。

　土井さんの声が良かった。

　すぐに安心してしまって、また会いたいと求めてしまったけど、「一緒に昼ご飯を食べに行こう」の誘いは断ってしまった。僕がご飯を食べるところは見てほしくなかったし、ご飯が終わった後の会計のあれこれや、メニューを一緒に選ぶその時間、料理の到着までの中空の会話、コップの水に唇がつくその一瞬の心臓のドキドキとか、それらを想像すると無理だった。

なんてことないことだと思う気持ちと、その時のとまどいがあって良かったと思う気持ちと、どっちもすごく分かる。今はなんてことないことだっただろうと強く思える。

生活保護をもらっていると、医者が無料《タダ》だとか、家賃が保障されているとかそれ以上に、自分もそういう目を持っているから、おまえはそういうやつだという人目に圧迫されてしまう。だから歯垢を取りにいったりすることは申し訳ないような気持ちで、もう生活保護が必要か必要じゃないかと市が審査している時ぐらいにしか行けなかった。

それは土井さんが、タラウマラの売り上げの半分を僕に渡すという狂気の制度で二年間ずっとやって来てくれたから踏ん切りがついたことだった。「それくらいやらないと人は変わることができないと思うから」と土井さんがぽろっと言った時、はっとした。そんなことは誰にもできることじゃないと思う。

まだそのとき僕は揺れていて、この、たとえば国の制度のここを抜ければもうちょっとお金が手元に残る、という頭が抜けなかった。Twitterで「生きることが苦しければ生活保護をもらえばいい」という発言を見て、そんなに簡単なものじゃないと思いながら、アルバイト先の東映映画館の収入をどうにか申告しなくて良い方法を相談したりしていた。映画館でもらう給料は月四万円から五万円、その金額を申告すると独自の計算法で支給額から引かれてしまう。だから、どれくらい稼いだらどのくらい手元にお金が残るか全然分からなかった。

裏口の向かいにある三吉で食べるうどんやおにぎりのお金が、文字通り生活を圧迫するので、働かない方がましだという恐ろしい考えがすぐに頭の中をいっぱいにする。自分のこと、自分の暮らしのことしか考えられないそのせこい頭で、膝をついて子どもと対等に正義の話なんかできなかった。土井さんの子ども、史苑《しおん》と巴音《ともね》に「マリヲくんビールあんまり呑むなよー」と言われても、うん分かったと言ってすぐ忘れていた。

タラウマラに来るお客さんの中に、明らかに生活保護に胡座をかいているような人がいて、そういう人の独特の立ち振舞いや言動を見ると顔をしかめた。恥ずかしかった。働いているから偉いのじゃないし、働けないからダメなのじゃない、けど全然それがいいんだとふんぞってしまっている人の気持ちは、どちらもどうしても理解できなかった。とにかく恥ずかしかった。

僕は生活保護やからお金がないねん、だから無料で自転車のカンカン鳴るのを治して欲しいねん、けどその後で一円パチンコ行くわ、だって一円やもん娯楽やもん、と言ってる人の顔の黒さは一定で、日焼けじゃないその顔の黒さは内臓からにじみ出てきてるものだとしか思えないから悲しかった。

薬物をやっていない、法律に触れることをやっていないだけで人と対等に話す資格は得られなかったからちょっと絶望してた。その間も、土井さんは僕の分の税金まで払って、一緒に腹を抱えて笑ってくれていた。頭の中のバランをひょっと取ると、どうしようもないと思うことしかなかった。だから一緒に思いきり笑った。

タラウマラで働きだして一年目くらい、その頃は引き続き心療内科の通院と尿検査、二週間に一回の保護司との面談に行きながら店頭に立つ暮らしをしていて、いつも仕事でない時は泥酔をしている感じだった。町田康で言うところの「やれんよ」という感じで、朝起きてすぐにウォッカをあおっているのを酒呑みの友達が見て、それはやめた方がいいのじゃないかと言ってトマトとソーセージの味噌汁を作ってくれるくらいだった。

そのとき僕はぐらぐらな根性の上に、仕事をする意識を固定することというか、その前提で、仕事の上で出てくるいろんな問題の立ち向かい方（それは人間性と複雑に絡まりあってくることが多かった）、お金の管理の仕方、使い方、暮らしの心の配り方、店ということも含めた格好のつけ方、そこに立つ人間としての立ち振舞い、言葉遣いといった本当の基本を打ち付けていかないといけなかった。その隙間を縫って酒を呑むという感じ、それでも少しでも時間が空くとこの先ずっと仕事を、タラウマラに立って仕事を続けることさえもできないのじゃないかと思って不安になってしまう。どこかの街でマンションの管理人とか、住み込みの美容師とか、刑務所の中で見ていた求人広告のそれらの仕事くらいしか自分にはできることがないという気持ちがずっとあった。

褒めてくれる嬉しい言葉は、結局全部嘘だろうと思ってしまって酒を呑んで、はなまるのマスターが美味しく作ってくれたお好み焼きを駅前で「ピッツァやー」とか言って手掴みで食べたり、遠くから来てくれた友達の乳房の前にアドルフ・ヒトラーの『わが闘争』文庫上下巻を当てて「これが正しいことやー」と言ってみたり、大きい声で陰茎のことを叫んだりしていいてひどかった。

嫌われたり怒られたりすると、ものすごく落ち込んで声が出なくなるほどだったけど、いま思い返すと少しほっとしていたことも嘘じゃないと思う。

あるとき財布を落としてしまって、もちろん泥酔していて、そのちょっと前に一緒にいてくれていた土井さんにすぐ電話した。土井さん僕財布ないんですよ、財布落としたんですよやばいですどうしたらいいですかね、さっきまであったんですけど、土井さんに電話するの完全におかしいと思うんですけどごめんなさいでも無いんですよ、全部入っててそれまたあれで、だからもらった名刺類とかも無くてそれ失くしたらやばいですもんね、てゆうか僕お金ももともとないけどこれ以上なくなったらやばいですし、それを思って土井さんに電話してるんやったら最低ですよね、名刺とかは逃げ口上でだからそれだけしか考えてないんかもしれません、うわあやっぱり最低ですわ、でもそれは僕はちゃんとお金借りたりしてどうにかするんでそういうことじゃないです、本当にそういうことじゃないんですけど、だからちょっと申し訳ないんですけど財布落としたっていう報告だけさせてくださいい、ちょっとほんまに意味分からない電話ですみません、とヒイヒイ言いながら一気に言った。そしたら土井さんはいつもの甘い声で、マリヲくん警察に届いてるかもしれへんから、落ち着いて行ってみ、行けるか、行けへんねやったら今は無理やけど、後で一緒に行くから大丈夫、だからまた電話して、と言ってくれた。それで僕は完全に安心した顔になって、近くの交番に行った。すぐに財布は届けられてて見つかって、住所変更してない免許や、保護司カードや、夜間診療を受けられる生活保護受給者用医療カードの照らし合わせでそれで手続きがあっけなく終わった。お金もそのままであって、名刺類は「その他紙類」というので大量がひとくくりだった。その中にはエディオンの電気売り場の人や、ゲオでよく注文を聞いてくれる人や、コーナンの木材売り場の人の名刺、自転車の取引先の人の名刺もひとくくりになっていたから優先順位のごっちゃを訂正しておかないと、とゆっくり思った。それより僕は嬉しくなって、何も言わないで届けてくれたと言う警察に、誰が届けてくれたんですか、その人にお礼をしたいんですが、いやせめてどんな人ですか、歩きでしたか、それやったら近くにいるかもしれませんからせめてどんな人やったか教えてください、こんないい人いませんよ、むちゃくちゃ僕嬉しいです、ほんまに何にも手がかりないんですか、どうしてもお礼がしたいですカメラとかに残ってないんですか、いやーこんなことあるんですね、少ないけど絶対一割お渡ししたいんでちょっとマジでお願いしますよ、どんな人が届けてくれたんですか、男性ですか女性ですか、若かったでしたか年寄りの人ですかと言って興奮してると、交番の警察官は僕の財布をちょっとドン、と放って、手続きは以上です、では、と言ってうんざりした感じで奥に引っ込んだ。

土井さんに激しく、ありました、警察に届いていましたと報告の電話をすると、もう家族が寝ているからと小声で、でも本当に嬉しそうな声で、マリヲくん良かったな、ええ人もおるんやな、と言ってくれた。今日はもう早よ寝て、また明日な、という土井さんの声で、はい、と言って天を仰いでちゃんと笑った。

翌日。

土井さんは良かったね、と言ってくれた。実は、僕もゆきこもマリヲくんの財布の中にはまだ良からぬものが入ってると思っててん、でもそれもほんまになかったから、ちゃんと警察に行ってちゃんと帰って来たから、昨日は僕とゆきこ実は感動しててん、マリヲくん良かったたな、ほんまに良かった、これからもよろしく、頑張ろな、という土井さんの声に、僕は何にも言えなかった。僕ね、不思議とね、タラウマラの鍵だけは失くしてないんですよ、と昼も過ぎてから言って、休肝日だけは作るようにします、という何回目かの約束をした。

読むものや、観るもの、観て良かったもの、読もうと思っているもの、読んで影響を受けたもの、食べるものや暮らしのスイッチの変え方、手首を縄跳びで縛ってマスターベーションに挑むことまで、全部吸収して土井さんになろうとしていた。

ふたりでお客さんと話している時、返す言葉やリアクションがまったく同じでハモってしまう時、よっしゃと思ってゾクゾクした。

でもコンビニの梅おにぎりは美味しいと思わないし、酒は好きだし、夜は早く寝てしまうし、そういう齟齬が僕の個性だと思って長く安心してた。

一緒なことは安心だった。暮らしの中で、そうやって定規を他に頼ってやっていると、時々どうしようもなく自分に立ち返ってしまう瞬間に、さてそれを引き剥がさないといけない。

土井さんの言っている「自分にしかできないことがある」という言葉を信じるには、僕は僕をやるということを信じないといけないし、いろんな人が入った状態の自分から他者を引き剥がして、その隙間から自分を引っ張り出して来て信じないといけないと思った。それが下品で汚ならしくても、引き受ける覚悟というようなことで、でもそれをやってしまうと僕は僕の言葉がなくなってしまって話すことがまったく無くなってしまうのじゃないかと思って怖かった。でもそれでもいいと思ったのは不思議なことで、今立っている場所は今まで立っていたところとはまったく違うと感じるけれど、良くない場所とは全然思えない。

居酒屋ブスのちよちゃんに初めて入って、かんちゃんと一緒で、最初は高いと思ったけど、最後にママのひとり、チーママの方が、半年前にコロナで旦那が亡くなったという話を聞いて、かんちゃんはもう一杯呑みたいと言い出した。良い店やったなとふたりで言い合った。かんちゃんは「この店は最初入った時に良い店やと思ったけど、お店の人と深く話すことは危険やと思った」と言ってセーラムライトを吸った。変な人だと思ったし、親友で良かったと思った。

それから銭湯に行って、隣で入っていたけどかんちゃんの陰茎を見ていないと思った。それで本人にそれを伝えると、かんちゃんは僕のは見て、見たことがあると思った、と言っていた。かんちゃんはつい最近離婚をしたところで、今日はしきりに俺は将棋から始めようと思う、と繰り返していた。

さっき暗黒な気持ちになったけど、それは何を思い出した？　追加でビールを買おうと思ってスーパー玉出に入ったら、ゾンビ映画みたいにレジの前でおっちゃんら二十人くらいがビタッと動かないまま止まっていた。レジは空いているのに何事かと思って見回してしまった。そうすると、「〇時を過ぎたら惣菜が半額、何も表記していないものもすべて半額になりますこの機会にぜひどうぞ」というアナウンスが流れて、おっちゃんらは一斉にレジに流れた。そういうことかと思って嬉しくなってレジに並ぶと、後ろの足の爪の長くなったおじいが、しきりにこのど百姓が、ど百姓ど百姓、と呟いていてその声の近さに嫌な気持ちになった。

暗黒もその度合いによって表情を変える？　週に一回銭湯で絶対会う元やくざはいつも、ヤグチまたシャブでパクられよった今度は三年や、あいついっつもそれや、分かっとるちゅて全然いっつも分かっとれん、ナカノは今度は傷害や、せやけどいつものこっちゃまたヨンパチで出てきよるわ、あいつ人相悪いくせに人はええからの、と言ってサウナと水風呂に短い間隔で入って忙しい。歯ブラシをしている時、返事をする時はその度に口からカポッと出して、えんえんあえですね、あいまえんね、あー、あはは、あっぱいおえふかー、と言って返事をするけど、ちょっと分かって欲しいなと思っている。外のテレビではNHKのスポーツコーナーをやっていて、ああこれくらいのふざけが一番気持ちいいかも知れないなーなどと自分の下品さを棚にあげて思っている。

暗黒はどこから来たっけ？　今朝モーニングで隣の席に座ったお母さんは、四十年間東京の料理屋で、月二日の休みでやった、だからこんなに元気で私は私を偉いと思うねん、と朝陽に光る横顔は左幸子みたいに綺麗だった。そのお母さんに、ブラック企業がどうやと言って騒いでる今の若い子とは全然、お母さんからみた働くということの意味が違うかも分かりませんね、と言うと軽く、うん、と言った後、高知の鰹は美味しいねん、厚く切ってあって、そのひと切れにさらに切れ込みが入れてあって、そこににんにくが挟まってあんねん、ネギもちゃんとぬめりを取って下処理丁寧にしてあるから、高知の鰹はホントに美味しいねよ、今度行くことあったら絶対食べてみて、高知は鰹しか美味しないねん、と言っててしきりに汗を拭いていた。

財布に入っていた、ゲオでもらった名刺は、ほとんど毎日くらい映画を借りている時期、いつも問い合わせばかりするのを見かねた店員さんからの提案で、ひとまず観たい映画があったらこの名前で問い合わせてくださいともらったものだった。腰の曲がったおじいが、その腰の曲がりとちょうど一緒くらいの高さの十数本のＡＶを手とアゴで挟んでレンタルしてて、パッケージごと持ってきているからそれは店員さんがいちいちパッケージから出さないといけなかった。そのおじいは相当ないらちで、待っている間ずっと貧乏ゆすりをしてる。おまけにちょっとよだれが垂れていてそれがカウンターに垂れて落ちてしまっていた。その次に問い合わせで並んでいる僕をちょっとすみませんねこちらではちょっと、と言って隣のカウンターに案内してくれて、名刺の店員さんも少し笑っていて僕も笑うしかなかった。

そのおじいの顔を今思い出したけど、それはこの間自転車の鍵を失くしたから自転車を貸して欲しいと来たおじいだった。ちょっとそれは無理やで、でもワシ腰が悪くてかなんねや、どうにかなりまへんか、いやお父さんそれはどうにもなりませんわ。こう断れるようになったのは最近で、土井さんが口酸っぱく繰り返してくれた「自分の価値」というところに立って考えて、やっと身体に入った感覚だった。ほなちょっとタクシー呼んでえな、国際でえの、国際でお父さんほな呼ぶで、お父さん名前なんて言うの、ハギワラやワシは、ハギワラです、そうです僕じゃなくてハギワラさんが乗ります、ちょっとワシの携帯に番号打ち込んどいてえな、なんて登録すんの、国際でええ、国際だけやったら分からんようなるからタクシーてつけるで、えええええタクシーてつけて、のところでタクシーが来て、もうえええええ、ちょっと待ってまだ登録できてないで、もうええ登録できてのてもええ、のところでおじいは激しい貧乏ゆすりをしてたんだった。タクシーに乗り込む直前まで携帯を触っていて、もう乗り込むすぐ前はふたりで携帯を掴むような形になっていた。
　そのおじいをまた喫茶トーホーのモーニングで見た。今日のダイヤモンドの待ち合いでは、フネくんにすごく似た人がいてた。昔だったらすぐに声をかけていたかもしれない、と思った。携帯を触りながら、じっと画面を見ているその感じは暗黒相撲、そんなような気持ちになって、そのすぐ横ではおじいも同じような表情で携帯を見ていた。七階のトイレからは、キメたてという感じのキャップのお兄《にい》が出てきた。淡路と電車で繋がるような気持ちのこの一本道で、何が変わって何が一緒なのかはほとんど分からない。

　タラウマラの前を「探偵！ナイトスクープ」のテレビクルーが通って、澤部が歩いてて、目があってやばいと思ったけど引き剥がせなくて、そのまま澤部は僕たちに「あなたにとって生きるとは、なんですか」と聞いてきた。一緒にいたマノ製作所の黒田さんは、暇潰しですかねと言った、格好よかった。じゃああなたはどうですかの質問に僕は、両手の届く範囲の人の笑顔を、必死に守ることですかね、と言った。それはそのまま土井さんの言葉だった。お礼にどうぞとクリアファイルをくれて、探偵手帳といっしょくらい嬉しくて、スタジオがプリントされたそれを感動してこれか、これや、これくださいと興奮した。そうすると若いＡＤがここにテレビ出演ＯＫですというサインをください、そのかわりにおふたりですから二枚ですがクリアファイル、今もうこちらしかないんです、と言って松ちゃんがプリントされた方をおずおずと差し出すのだった。そうや松ちゃんや、今の局長は人が変わってしまった松ちゃんやったんやと思った。黒田さんも全然受け取ろうとしなかったけど、僕はどうしてもスタジオのプリントが欲しかったのでへえと言っていた。じゃあこれ二枚あげます、二枚あげますから喧嘩しないでくださいねと言ってＡＤは駆け足だった。

黒田さんこれはホンマにちょっといいですか、僕これ欲しいですと言って譲らなくて、初めて言ったワガママみたいな気持ちになった。黒田さんも「探偵！ナイトスクープ」が大好きだと少し後で知った。

興奮が去ってすぐ、土井さんに、今「探偵！ナイトスクープ」が来て澤部で、インタビューでは土井さんの言葉そのままで喋ってしまいました、すみません、僕は生きるということの本当の説明を、僕の言葉で言うことができませんでした、というような気持ちでメールした。オンエアをされてもされなくても、それは恥ずかしいことだと思ったからだった。土井さんからはお化けが目を押さえて爆笑してるスタンプだけ送られてきた。

その日はむちゃくちゃにどしゃ降りだった。どしゃ降りだけど傘はなくて、人もほとんど通らなくて、僕はタラウマラの店内に戻って何回も深呼吸した。もっと吸い込まないといけないと思った。タラウマラの場所にひきつられて考えが回ることがたくさんあるからだった。もっとタラウマラを吸い込まないといけないと思った。その日は結局夜まで雨は降り続けて、鉄砲水に洗われている気持ちになった。その日は傘を差さないで帰って、翌日はしっかりとした鼻声になった。淡路で寝て起きて、それからまた淡路に帰るのだった。

義兄のバイト（日払いの不用品回収）で三回目の休憩中、昼間うるさいとどやされたおじいにもうすぐ終わりますなどと言って、自転車で通り過ぎる人とか、顔でベビーカーの子どもをあやす若いお母さんなどを見ながら、ふとこのまま、まったく知らない街でまったく知らない人と暮らすことは、と思ってしまった。涼しさのせいもあったかも知れない。

刑務所の中で何回も思ったこの考えは、胆力のない僕には到底達成できないことだった。

昼間、土井さんからメールで「マリヲくんは次の段階にいく時期だと思っているから、キヨちゃんとふたりで起業するなら僕は全力で応援するよ」というメールが来ていて、その前日は、SNSの投稿の、自分を引っ張りあげてくれた人に捨てられる、という一文を見て、久しぶりに土井さんとふたりで心から笑ったのだった。

帰りの高速道路で運転していて、エアコンの風が顔にもろに当たって、うっかり涙が出てしまった。それから帰りの電車で、アンダーアーマーのジャージに、熊の耳がついた帽子を被っているおばちゃんを見た時も、笑ってうっかり涙が出てしまった。

どうしようもない時は酒を呑む。駅を降りてすぐのセブン-イレブンに入って、ビールの棚に行った。睡眠薬中毒の男が店員に絡んでいた。「おまえ俺に迷惑やって言ったよな、どこが迷惑やねん、俺が彼女に振られたことはおまえの人生になんら関わりがないかも知らんけど、俺は俺で困っていて、だから電話を、そこの子機を貸してくれたらええねやんけ、それのどこが迷惑やねん」と言っていた。

その男はずっと前に、土井さんと一緒に失恋相談に乗ったことのある男だった。

僕はすぐに目を伏せて、何も買わずにコンビニを出た。

コンビニを出ると、新興宗教のビラを配る女性ふたりと目が合った。

僕はもう一回目を伏せて、もう少し、今日ももう少しだけ待ってみよう、と必死に思った。

タラウマラ：阪急淡路駅近くの、著者が勤務していた自転車店。

へらずぐち

寒くなってきた夜、タラウマラに中三のサチ、十一歳のカナ、五歳のシュウが「お母さんがいない！」と駆け込んで来て、近くの交番勤務の警察官を巻き込んでちょっとした騒ぎになった。全然大事はなくて、サチのスマホにお母さんから「お酒を呑みに行っても良いか？」というＬＩＮＥが入ってすべて収まった。お母さんと三人は少ししてからタラウマラに来て、謝罪をしてくれた。

サチとお母さんはその場で罵り合っていて、カナはキックボードに乗りながらゲラゲラ笑っていた。震えながら謝るお母さんを見て、保育士のリエちゃんは「あの人には障害がありますね……」と暗かった。

覚せい剤をやり始めてからちょうど一年くらいが経った時、ケンが友達に頼まれたからという理由で一グラムよけいに買った。ケンの友達というのは小児まひで、車いす生活をしている障害者だった。それから一か月に一回くらい、ケンはその友達に覚せい剤を買っては、自分が欲しい分を抜いて持って行くのだった。ヘルパーのような彼女がいて、彼女も好きもんやねん、とケンはなぜだか嬉しそうだった。

二度目の刑務所の時、工場で後ろの席になったバクロさんはてんかんの発作持ちだった。作業中、「ヒイイッ」という声を上げては倒れて、時々は失禁もしてた。そこではおじいみたいな振る舞いをしていたけど、僕は西成のホテル新今宮でバクロさんから一グラム買ったことがある。注射が終わった後の、少し血の混じった覚せい剤が残る液体を、尿道から入れていた。それをすごく太った色黒の女が見て、ごめんなあ、いつもやねん、と言っていた。豊中から来ていると言っていた若い綺麗な顔立ちの男も、その時はAVから目を離してケタケタ笑っていた。同じドヤのせまい部屋だった。

足立くんはニシオカさんという自閉症の人の介護をしてる。ニシオカさんは音楽が好き。タラウマラにあるドーナツ盤のレコードをかけては、マジックインキのマイクで軽快に歌う。会話はほとんどできなかったけど、足立くんとは意思の疎通ができているみたい。今度札幌に一緒に行くと言っていた。ニシオカさんはアウトサイダーアート、五線譜を独特の画に変換することで世界的な評価を得ている人で、最近本も出版されているらしい。

足立くんは六年間映画だけを観続けていた親友で、観たいものを追うあまり字幕無しの韓国映画を在日韓国人向けの図書館まで借りに行っては意味の分からないまま観ていたと言う。彼の観逃した映画、観たい映画は、いつも一本も分からない。僕があまり言いたくなさそうに最初の服役がこうで、二回目はこう、と話している時、僕も同じようなもの、映画を観ることはずっと受け身だから、他人とどうやって話せば良いか分かるのにかなり時間がかかった、と言っていた。同僚だった、新世界東映のキャッシャーで、何もすることがなくて。

年越しの前に、「堀内孝雄のCDを探しておいてくれ」とずっと言われていて全然見つけられていない、歩行器に頼ってしか歩くことができないお客さんに、いつものようにまだ入って来てないです、と言った時、すれ違った別の女性が「あら！　サカさん！　元気してんのー！」と言った。聞き間違いなだけかも知れないけど、そのお客さんはけっこうはっきり「地獄に落ちろ！」とその人に言った。そのふたりを最近王将で見た気がする。

僕が産まれた時、まだ家族だった父親は小学校の特別支援学級の担当だった。新生児室で、父親は僕の手相を見て、この子は障害者になる、と言って病室を後にしたらしい。それか、母親のことかは分からないけど、そこからずいぶん経ってから父親とは再会した。ゴロゴロ野菜チキンカレーみたいなレトルトカレーを持って来て心配してた。そのカレーは三個パックだったから、一個食べてあとは不味かったから捨てた。

発達障害とは遺伝するらしい。と聞いてえんちゃんの母親はついに自分を責めだした。私が人と常に一緒に居なければ落ち着かないことや、何につけても人に干渉してしまうこと、人の目がすぐに気になってしまうこともこれは発達障害なんじゃないかと思って私も調べてもらったんです、で、そうでした、と言っていた。今は処方薬で少し落ち着いているらしい。処方薬とハイボールを一緒に呑んでしまって、お母さんが昨日階段から転げ落ちてしまって大変だったんです、とえんちゃんが来た。えんちゃんは大丈夫なの？ 最近は、はい、最近は一日一枚絵を描くことを心がけています、すごくいいね、えらそうだけどとてもええことだと思うよ、絵だけに、そうですか、でも、昨日おばあちゃんに迷惑かけてしまって、どんな迷惑？ あの、その、あ、空気、大丈夫ですよ、使ってください、あ、えんちゃんごめんごめん、それで、どんな迷惑かけちゃったの？ 昨日の夜、パニックになってしまって、パソコンの画面をビリビリ、として、それから、窓から投げたらあかんと思ったから、でも、壊したいのは止まらなくて、だから、逆の方向に曲げてしまって、それで、すごくうるさかったから、おばあちゃんが起きてしまって、それで迷惑をかけてしまって、そうかそうか、そういうのは、よくあるよね、僕たちがまだパカパカの携帯を使っていた頃は流行っているくらいよくあったよ、そんなことは全然普通で、全然迷惑じゃないと思う、夜寝たいのは絶対そうやけど、えんちゃんが安心安定するのが一番なんちゃうんかなあ、でも、なんでそんな風に思ったん、そうなんですよ、なんだかそうしたくなって、止められなくて、悪夢もよく見るんですよ、だから、ここにいてるわたしが一番だめなんですかね、と言っていた。えんちゃんの母親は障害年金について、その日僕に話を聞きに来た。えんちゃんは最近、精神障害等級2級を取得したらしい。

パチンコ屋の前で髪の毛をひとつくくりにした肉体労働者風の男は、今日も陰謀論を熱弁してる。相手はいつも変わる。アメリカ、アメリカ、と言ってはビールを飲む。

駅前の三菱ＵＦＪ銀行の前に座って、ぶつぶつと独り言を繰り返す男はでっぷりと太っていて、目が合うと笑う。薄着のポロシャツから下腹が出てる。子ども用のマウンテンバイクの前カゴに犬を入れた女性と一緒に、自転車を買いに来たことがある。その女性は異常なくらい痩せていて、ふたり合わせてちょうど三人分くらいだ、と思っていた。

この街のことが嫌いだ、と言う地元の人とゆっくり話した。駅前で酒盛りをしている汚いじじいらを知ってるか、あれらを見ると本当に一日のテンションが下がるから死んだら良いと思う、ほんまに死ねば良いのに、と言ってた。

この街のことが嫌いだという別の、歯がない地元の人とゆっくり話をした。僕たちが、よく来てくれるエチオピア出身の三姉妹と話しているところを見て、あんなんと何を喋んねん、喋ったらあかん、と言っていた。その日話にエンジンがかかってしまったその人は、中国人がおれへんかったらこの国は、というところまで話を持って行ってしまった。その人の娘は、一目見て分かるほどの障害を抱えている。

面と向かって「あなたには障害があります」と言われて安堵した人はどれだけいるだろうか。世の中にある保障とか、世の中の隙間、自分がいてもいい場所が与えられた気持ちがするのはなぜだろうか。そんなものは自分でいちから作り上げないといけないと頭では分かっていても、やっと自己紹介ができるような気持ちになるのはいけないことなのだろうか。

障害があるからといって特別扱いをしてはいけないという、その意識を特別に持ってはいけないと思うので、普通の人よりも普通に接することを心がけるけど、やっぱりそれは難しい。毎日意識が変わる。全盲の落語家の桂福点さんは障害者の生活介護事業所の運営をしているので、利用者と一緒によく通ってくれる。大きな挨拶をいつもする。時々ヤクルトをくれる。福点さんの経営する施設の利用者は歩くことが困難だったり発声がうまくできなかったり表情がうまく作れなかったりするけど、挨拶はいつも気持ちいい。つまり挨拶しかしていないということだけれど、それだけで伝わるものはたくさんあってそれが気持ちいいということだと思う。何も話せない時、うまく話せる時、逃げてしまう時、一歩踏み込める時、その時々にくやしく、嬉しくなったりする気持ち。その気持ちを覚えておくというか、身体に入れたままにしておくというような、考えるという行為に近い用意をすることは、次の、お互いの潤滑とか向上の助けになると信じる。簡単に、冗談で、あの人は病気だから、と言う時もある。電車の中で大きい声をあげている人を心底怖いと思う時もある。山陽電鉄の張り紙はそれについての注意書きが貼ってあってすごく感動した。

振り返るとダウン症の人の顔があってびっくりすることがある。人にされて嫌なことはしてはいけないと思うので、びっくりしていない風に装う。こんなことはむちゃくちゃで、筋の通らないことで、未熟な考えだけれど、人付き合いについては中学の時、「タナハシさん、自分を可愛いと思っている、たらこ唇のことはダメ、スポーツの話が得意、マンガがキライ、髪の毛が立っている時は目を合わさない」「カタギリくん、すしのこと陰で言われている、靴底が分厚い、外国の人みたい、何を言っても笑う」「マスダさん、道を塞いだら引っかかれる、給食のときに何かものをあげるとよい」「マキノさん、一緒に先生に怒られに行くと機嫌がいい」「スミモトさん、可愛い、ブラックジャックよりるろうに剣心」「ハチダくん、ちんこを殴ったことあり、もうちんこは殴らないように」と書いてたキャンパスノートが全然役に立たなかったことを考えると、もう、気持ちいい、気持ちよくないとかで話をする、死ぬまでむちゃくちゃを持って歩いていくという覚悟を持つこと、困っている人、を助けるのは自分が人を助ける資格ができるまで待つのじゃなくて、今何かできることがまだまだあるとかを思う。

暗くて嫌になるけど、むちゃくちゃを引きずって行った先に、そこには自分自身が人に助けられて生きてきた気持ちも多分にあって、でも何もないかも知れないなあ、けど、その先には社会とかを巻き込んだ人との本当の付き合いができると信じているし、そうだと思う。今は、まだまだ歯がゆくて気持ち悪い。

言葉にならない言葉をつくるのがあなたの仕事です、と夢で言われて小説を書いている人を知っている。本当かどうかは分からないけどそれはひとつの呪いだと思う。呪いによって生きることができるみたいな感じで、その呪いはある意味で良いことだと思う。

ＦＩＦＴＹこと幸太郎くんは、正社員になることが決まってそれを言いに来てくれた。ボランティアをしながら自分でリハビリをしているところです、と聞いていたから、それはもうむちゃくちゃ嬉しかった。長靴にロングコート姿の幸太郎くんの後ろ姿は、やっぱりかっこ良かった。

ダルクのじろうくんは、コロナ感染者のための隔離施設の警備員の仕事を始めた。日給四万五千円、躁鬱とアルコール中毒に悩むじろうくんは約一〇年ぶりの仕事だと言っていた。

年明けに母親から、「夜更かしをしている子どもはＡＤＨＤを発症する率が高い」というYahoo!の記事のリンクが送られてきた。その後に、幼い頃にあなたは……という文面が見えたので、ぴょっという感じで消した。

淡路にある福祉施設のスタッフふたりと利用者ひとりが来て、和紙で作ったカレンダーを買って欲しい、ときた。少し高かったので迷って、他には何がありますか、と訊いた。その時スタッフのおじんが利用者の背中を叩いた、すると利用者は「よろしくお願いします」と機械的に言った。むちゃくちゃに気分が悪かった。

「この街のことが嫌いだ」というさっきの地元の人は、娘がもう就職をしないといけないから作業所を探している、と探していない感じで言った。まあ最終的には嫁が決めんねけどな、娘な、簡単な作業しかできへんねん、パン詰めるとか、病気も長い名前やからよう分からん、もしかしたら小さい頃に自転車のカゴ、この自転車のカゴに乗ってる時にこかして頭打ったから病気になったんかも分からん、そんなんで障害なるか？　な？　なあ、まあでも、まいちゃん、娘の同級生のまいちゃんも障害あるって最近分かったんや、まいちゃんなあ、番長やから親も大変やろなあ、こういちくん、ちょっと年上なんやけどな、もう高校卒業してな、どっか作業所おるんやろけどな、おかあちゃんとおばあちゃんとよう一緒に商店街買いもん来ててよう見てた、最近あんまり見いひんなあ、おかあちゃんもおばあちゃんも見いひんわ、さきこちゃんとこのおばあちゃんも最近見いひん、元気しとんかなあ、気になるなあ、そういえばオサダさんとこのおかあちゃんも最近見いひん、息子死んだからなあ、みんな元気しとんやろか、気になるなあ、気になる、みんな元気かなあ、なあ？　と言うので、この街やったら誰かに訊いたらすぐ分かるんちゃうの、訊いてみたら、と言った。そしたら、いや、ええわ、気になるだけやねん、元気やったらそんでええわ、ほんまにどっかで見かけて、元気って分かったらそんでええねん、ええねけどな、と言って配達の仕事に出かけて行った。

その人がいつもくれる缶コーヒーは、土井さんには微糖、僕にはレインボーマウンテン、となんでか決まっている。

世の人

俳優の山崎努が新聞で「この面相で、この脳みそで、この運動神経で、この環境で。どうやって面白く生きていこうかってのが、人生だと思うんですよね」とインタビューに答えていて、それをノートに書いていた。ノートはもう捨てられていると思っていたけれど、最初の刑務所の中で使っていた一番初めの一冊だけ出てきた。これは母親に送ってもらった。母親はこれを送るのに二週間もかけて過剰な梱包をしてくれて、そのビニール袋の中にはイズミヤで自身が冬用の手袋を買った時のレシートも一緒に入っていた。うんざりするのと面白いと思うのと、ちょうと半分ずつくらいの気持ちだった。

佐野洋子が書き上げた『シズコさん』でも、最後は母親を理解し許していた。

僕はそれがたぶんできないと思う。自分が先に死ぬことで、無理に母親を許さないといけないという気持ちから逃げられるとずっと思っていた。今はどちらでも全然かまわないという気持ちだけある。いろいろな記憶も確かじゃないかもしれないし、幼少時代の記憶がほとんどないことも何かに関係しているかもしれないし、この気持ちも本当じゃないかもしれない。

本当じゃなくてもいいいし、できれば何もないほうが良かったとも思う。

母親の夢はマリー・アントワネットになることだったらしい。念願叶わず北海道教育大学で父親と出会い、姉と僕を産んでから離婚した。エホバの証人に入信したことが離婚の直接の原因かは知らないけれど、それからの母親の心の拠り所は、エホバの証人と僕たち子どもだったことは間違いがないと思う。持って生まれた性質以外の、ドラッグやセックスや暮らしの変なスイッチは、たぶんここで培われたものだと思う。

いつだってどこでだって優等生には全然なれなかった。

姉は最近帰ってきてから、ガンガン、という感じで頭を壁にぶつけているのが隣の部屋から聞こえてくる。そのとき僕はエリミン（通称・赤玉）を持っていたので「これは楽になるから」と一錠あげた。モブ・ディープだったと思うけど、そのレコードを流していても聞こえてくるくらいのガンガンはけっこう鋭かった。

飯は最近は小さい時の、同じエホバの証人の信者からもらった茹でたパスタにマーガリンと醤油をかけたものよりは大分ましで――その時は給食がご馳走だった――筑前煮ともやしと挽き肉のカレーが母親の得意料理になっていた。

僕たちの休日の娯楽は、父親が置いていったミラの洗車。それはでも、その時むちゃくちゃ楽しかった。通学路の街路樹で花見をしている写真や僕の女装の写真があって驚愕した、そんなことがあったんやと思った。

正しいことに必死になっていたような母親。僕たちが中学や高校になって少し世界を知ったようになると、たちまち破綻するような、正しいことに無理をして自分を押し込めていた母親。こないだ母親は「こんなんあるからあんたはグレるんや」と言って、信者からもらったアコギを踏み抜いた。そのギターは押し入れの奥にしまったので、たぶんまだ実家にあるままだと思う。破綻の真っ只中にいた、不倫やシンナー、タバコやBLを経て、僕たち姉弟は母親にちょっとした抵抗をすることで結託するような気持ちだった。結局母親は暗い顔で、ひとりで毎週集会に参加していた。正しいことの先に絶対に良いものがあると信じている人は、とにかく強くて固かった。

僕は「ミナミの帝王」の再放送と「必殺仕事人」の再放送を、母親がパートに出ている間に盗み観るのが楽しみだった。観終わったらガチャガチャの、手回しのテレビのチャンネルを必ずNHKに戻しておく。ドラえもんのひみつ道具大事典とちびまる子ちゃん第3巻以外は、すべて協会が発行する書籍と教科書しかない家。

「必殺仕事人」の京本政樹で興奮して、訳も分からずその分厚いドラえもん大事典で陰茎をこすって血を出すなどしていた。ばあちゃん家に帰省した時に、母親の兄が置いていった官能小説とか官能四コマで目眩がした。手を動かす僕に「何をしているの」と母親は訊き、僕は痒《かゆ》いと言って、発熱して寝込んだ。いま思えば絶対に気づいていただろうと思う。

小学三年生の帰省はそれから近くの本屋の、エロ雑誌コーナーで昼間ずっと立ち読みをすることで終わった。自転車で二十分かけて必死で行っていた。

中学生くらいになって、正しいと思っていた自分より、悪魔の子である世の人、他のクラスメイトの方が生き生き楽しく幸せに映ることが不思議になった。

君が代歌っても死ぬことはないんじゃないの？　校歌を歌った方が友達ができるんじゃないの？　エホバの証人だからという理由で好きになった女の子は友達が多くてぜんぜん全部をしているけど、正しくないとは思えないんだけど、これはなんで？　それにみんな話が面白くて、友達になりたいと思う人は世の人ばかりで、なぜ友達になってはいけないの？　通学を一緒にしてくれるようになった数人、その数人と川縁の空き地でみんなで買ったショートホープを吸って、吐くほど咳き込んで、僕は小遣いがなかったからそれを見ていて、ちょっと吸わせてもらって、やっぱり吐くほど咳き込んでから気持ちよくなって、はっきりとではないけれど今までの善悪が丸ごとひっくり返る気持ちがした。

田舎はスーパーやドラッグストアが広い、それにタバコの自動販売機も取り口から手を突っ込んだら取ることができる、それからはいろいろ教えてもらって、ワックスとか、香水とか、新しいマンガとか、タバコとかを盗ってきて、ヤンキーに売ることで小遣い稼ぎにした。

全部ぐらぐらの善悪の上に立っていたので、僕のやる全部のことは正しいことの逆で、帰りが遅いこともそうだから、楽しいと自分が思うことも結局は悪いこと、てゆうかじゃあ全部やってみてからその後で正しいか悪いかを決めたらいいというような気持ちになっていて、何でも全部をやる、全部やってやる、みたいなやさぐれた気持ちだったけど、この時は本当に心の底から楽しかった。

一緒にいる友達が「やめときや」と言うとやめて、「これ面白いんちゃう」と言うと喜んでやった。それでもむちゃくちゃ楽しくて、どこからか持ってくるタバコや、まだ校歌を歌わないこと（その時は少し申し訳なさがあってそうしていた）、それに目を付けたヤンキーからいじめられだしても全然楽しかった。「おまえマジで意味わからんねん」と言われて屋上に呼び出された時、ゆらゆら帝国のラジオをＭＤに録ってあげた別のヤンキーに助けられた。そのヤンキーに「おまえは学校に来るのか来ないのかをはっきりした方がいい」と言われて、どちらもすごく分かったようになって納得した。その時は母親はまだ僕を信じていたと思う。集会に行かないのは体調不良で、帰りが遅いのは悪魔の囁きにほだされているだけだと思っていたと思う。それに甘えて僕はまだまだ可愛いむちゃくちゃをやり続けた。

しばらくして僕のタバコは、「ミノミの帝王」の竹内力が赤ラークを吸っていたのでそれに憧れて変わって、それを学ランの内ポケットに入れていた。もちろん学ランも買うお金がないから、信者からのお下がりでダボダボの、その内ポケットを触った母親は発狂した。

なんでこんなんあんた持ってんの、最近帰りが遅い悪いあの子らの持っててあげてんのちゃうの、あんたのちゃうんやんな、あんたのやったらえらいことなるで、あんたもう楽園行かれへんようなるで、それでもええんか、あんた小さい時はほんまに東大や言われて優等生で偉い子で、ちょっと襖《ふすま》が開いてるだけでハイハイして閉めにいくようなええ子やったのにいつからそんなんなったの、やっぱりあの子らのせいやな、世の人と遊んだら絶対あかんて言《ゆ》うたのに、高橋くんとか古城くんやったらまだええのになんでよりによってあの子らなんやの、あの子らの名前言うのも口汚れる気持ちするわ、あの子らにいろいろ要らんこと教えられてんにゃろまだ遊び足りひんか、ちょっとやったらええと思ってた私があかんねやわ、私の教え方が全部まちごてたんやわ、あんたよりによってなんでタバコなんか吸うの、なんでこんなことなんの、何が楽しいのこんなことして、私まちごてるか、まちごてんねやったらちゃんと言いや、なんか言ったらどうやの私が全部まちごてたんか、なんか言いやなんで私を困らすの、やっぱり私がまちごてたんやわ、ちょっと自由にさしたらこれや明日からもう学校以外家出たらあかん集会も行くで、一緒に伝道も回る私開拓者なったんやしもうあかん、もうあかんでもう無理やでもう。

僕はこのままやったらもういよいよあかんと脳で分かって、赤ラーク買うのにまたワックス四つ盗って売らなあかんと頭がしんどくなって、「もうそれ返せよまじで全部嫌なんじゃ」と言って母親から学ランを取り戻そうとした、狭い玄関で。母親は見たことない憤怒の表情でイキキキキという感じで、僕も全力で学ランを引っ張ってもみ合いになった。お互いにどつきあって、引っ張りあって、押し合って、疲れて、なんやの殴りよ、殴ったらいいべと津軽弁で母親が仁王立ちになった時、母親は小さく震えていて、体は岩みたいに固くなっていたので、そのまま自分の部屋に上がって激しくドアを閉めた。築四十年の古い一戸建てはそれで少し震えた感じがして、すぐ横の姉の部屋からは「うるさい」という声と頭を壁に打ち付けるガンガンが聞こえていた。ごめんともうあかんが同じくらい、それからしばらく父親の家に世話になったらしいけど、狭い部屋のセーラムピアニッシモのカートンの箱と、目玉焼きとケチャップが乗った食パンを食べたことしか記憶にない。これを書くまで全然覚えていなかった、そんなような記憶がまだまだあると思う。

それからいろいろで母親とは衝突して、万引きやタバコから原付窃盗やシンナーまでむちゃくちゃはエスカレートして、家出を繰り返して迷惑をかけて、初めて付き合った八七橋さんとのデートで雨の日、母親が車で僕たちの横を並走してずっと「あなたたちは早く家《うち》に帰った方がいい、世の人と付き合ったらろくなことにならない」と叫び続けたその時、僕は絶対にすぐ家を出ようと決心した。

三回目の逮捕。なにわ署の面会場で久しぶりに母親と会った。あなたの、この間かかった医者から診断書が来た、そこには五つくらいの病名が書かれてあってあなたは病気で障害者ということが確定した、そしてそれは私からの遺伝だと言うので、そうなんですね、と言った。なぜだかほっとした。ところで全然関係ないけど、なにわ署の出口をすぐ出たら阪堺線、チンチン電車の駅があるでしょう、その駅を左に見て少しまっすぐ行って、ファミリーマートがあるからその手前の筋を左に曲がって、次の踏み切りまでの間の線路沿いの左手に、緑色のスーツケースがあるからそれを時間があったら持って帰って欲しい。それは置いてて、ここに来る時に僕は回収したかったのだけどそれはできなくて、だから比較的大事です、それを持って帰ってくれますか、と、母親と久しぶりに話したのがそれだった。エリミンが入っているからだった。

小さく老いた母親が睡眠薬の入ったスーツケースを持って帰ってくれているところを想像すると、少しだけ心が痛んで、すぐ考えないことにした。母親から差し入れが届いて、『若い人は尋ねる』という協会発行の書籍を、廃棄処分にした。同房の初老の元気なおじいは、「覚せい剤による気ちがい、変態を生み出しているのは向精神薬を大量に投与しているおまえたち医者だ」という手紙を誰かに出そうとしていて、誤字がないか見てくれ、と言うので今日の話をすると、「親は大事だ唯一の味方だ」と言ってから、仏教用語でエコウというのがあります、それはここ、読みますね、自分のおさめた徳を他にも振り向け、自他ともに極楽往生するようにすること、この心が大事ですよ、と、回向、と漢字を便箋に書いてから、「五房、茶！　茶お願いします！」と叫んだ。僕には徳なんてないですが、仏教って救いがいっぱいありますね、と聞こえないように言った。

母親は面会の度に、嫌だと思うけど、と前置いて、今日の言葉として聖書から抜粋した言葉を言うのだった。手紙の最後にもそれが添えられてあった。正しい言葉だったけど、母親とは離れて聞こえてしまって、いつも「それは僕以外の人に言ってあげてください」と言ってしまうのだった。

母親は、僕と関係のないところで思いきり幸せになって欲しい。

丸山健二の、劇薬みたいな文章を読んでより強く思うようになった。それは湊川病院に入院した時、天河さんが差し入れしてくれた『人生なんてくそくらえ』という本の中の言葉だった。ものすごく感動した。

父親についてはもっとそう思う。父親といつだったか幼い姉とドライブに行って、三木市行きの青看板を覚えてる。父親が「新しいお母さんと一緒に暮らすことはどう思うか？」と僕たちに訊いた後、どう答えたかは覚えていないけれど、「それはその返答次第では危うく遺棄されそうになってたんちゃうん？」と笑うことがあった。土井さんとだった。

僕は相変わらずうんざりしたまま母親と接しているけれど、土井さんは僕の母親を「天然でむちゃくちゃ面白い」と言ってくれた。土井さんの眼を借りて見たら確かに僕の母親は面白いと思う。それがずっとできたら全然いいやん！　土井さんの前で、プッシャーみたいに五百円玉貯金をこっそり渡してくれるところ、その金はほぼ自分の金ではなくてばあちゃんの年金というところ、あんたの店買うもん何にもあれへんなと言いながら、ハードコアバンドのAFTERのTシャツを色が可愛いというだけで購入するところ、最近では純烈というグループとダチョウ倶楽部がコラボレーションした際、寺門ジモンの靴！すっごいな！　とLINEしてきたり、菅田将暉のイメチェン画像を添付してきたり、ばあちゃんの入院費用を一日ごと事細かく表記したメールをしてきたりと忙しい感じ。ずっと止まっているようにも思う。お金が無いのに僕の無心に答えてくれたり、刑務所まではるばる毎月やって来てくれたこと、そういうことは僕は贖罪みたいに思って偉そうにしていたけど、こんな風に書くと並大抵じゃない、普通に当たり前でないと思う。許す許さないは勝手な僕の幻想で、例えばそれらを全部姉の眼を借りて見たら違って見えることと思う。それができたら。

姉は今もずっと、母親が住む家のローンを払い続けていて、エホバの証人は何かの理由で排斥処分になっており、本当は母親と話すことができないと言ってた。母親は自分が緊急になった時だけ姉に連絡をしているみたい。僕は何度も、分断を勝手にするなと怒ったりした。姉はどうやらそれでも母親を母親と思う気持ちがあって、緊急だけの連絡でも嫌になっていないみたい。歌みたいに涼しく受け答えをしているところを見たことがある。それに僕は気持ちがないまぜになってしまったし、その時はまるで僕たちは美しい家族みたいに映った。

姉はそれからCADとかを勉強して、僕が知ってる限りで二回くらい転職して、今は一流企業に勤め、乗馬が趣味と義兄から聞いた。アーチェリーも始めたらしいから洋風の流鏑馬《やぶさめ》をするつもりなのかと思って楽しくなった、しばらく会わない間に車などが好きになっていてびっくりした。

あるとき天満橋で売人を待っていて、そのとき僕はもう末期だったので、手に入ると分かったら嘔吐《えず》くようになっていて、その嘔吐きが本当になってしまって、側溝に『哭声／コクソン』に出てくる偽祈祷師くらい吐いてしまった。それを見た一緒に待っていた人は「最近のあなたの調子の悪さはそれや」「憑《つ》きもん全部吐いたからもう大丈夫」「そんなに入っとってんや、しんどかったやろう」と言って背中をさすった。僕はまた神か、なんやそれ、なんでもかんでも神か、その金でまたシャネルでも買うんかと思ってよけいに吐いた。道端で義兄に押さえつけられて、訳の分からないことを叫んでいた時のことを思い出してしまった。その時なんで義兄が、姉が、母親が、友達とその彼女がいたのかは全然分からない。そこで覚えているのはぽーんと高く飛ぶガリガリ君、ヤンキー、それが当たる姉、「あんたのせいで離婚や」と叫んでいる姉だった。それぞれが信じているものがぶつかりあって、僕は何もないから叫んでいるみたいだった。僕は何に叫んでいるのかももう分からなくなっていて、一緒にいた友達のカップルももらい泣きしてしまっていた。あ、その友達に僕はドラッグの金を無心して返せなくなっていて、その肩代わりに姉夫婦が来てくれていたんだった。最低だ、その時ヤンキーが投げたガリガリ君が姉じゃなくて母親に当たったらどうなっていたやろうか、姉に当たったから僕は「おい家族やろ、家族に何すんねん」というようなことを言って激しくなったんだと思う。ドラッグが効いていたから、かなり滑稽な激しさだったと思う。いや、違う、その友達は僕が金を工面できないから母親に連絡したんだと思う。母親が姉に連絡をして、それで義兄にまで、義兄の家族にまで連絡が行ってしまって、そもそも僕が金を返していればそんなことにはなっていないのだけど、ダサくて、もう自分ではどうやっても解決できないと思い込んで、なんじゃらおらという気持ちで、母親にもなんじゃらおらという気持ちで、だから姉もなんじゃらおらという気持ちで「あんたのせいで離婚やから、離婚になったらあんたのせいやからな」と言って僕をヘルメットで殴った。そのとき姉は義兄のオートバイの後ろのシートから降りてきたんだった、映画みたいな登場のシーンでむちゃくちゃ面白かった。ヤンキーはだからか、良いオートバイ、分からないけど良いオートバイに嫉妬したんじゃないだろうか。じゃあヤンキーはそれを買うために働いたらいいやん、それかヤンキーやったら悪いことをしてお金を儲けたらいいやん、ガリガリ君を投げる相手はじゃあ姉じゃなくて義兄やん。その時、全部の原因ははっきり僕に集中していて、でも僕も僕で全員に言いたいことがあって、むちゃくちゃな気持ちでそのままアーウーと言って本当にむちゃくちゃになりそうだった。それを渾身の力で道に押さえつけてくれていたのは義兄だった。それぞれが持っているそれまでのお互いへの気持ちは一回のむちゃくちゃでは絶対収まらないほどのものだった。義兄のあり得ないほどの力と、家族でない力に少し安心していた。こんなもん家族でもなんでもない、姉は違うと分かってくれると思う、と道路に顔を擦り付けて、金やら友達やらなんやねん、そんなもんもなんでもないやろが、なんで姉に連絡すんねんしたんなや、俺が金返す返したらええねやろ、と破綻したことをずっとわんわん言っていた。友達は、分かる、分かるわ、分かるから俺も悪かった、金は返してもらうけどいつでもえから、と言って泣いていて、僕はずっと後になって借りた金の分のマリファナを渡して謝った。全部最低だと思う。

天満橋にやっと着いた売人は、窃盗したと一目で分かる原付に乗って現れて、いま良いマリファナがあるけど一緒にどうやと言ってきた。僕は急いでるからと嘘をついてそれを断った。僕はその翌々日に湊川病院に任意入院が決まっており、職務質問でＬＳＤが財布から出てきたことについて、このまま逃げ切れるかもしれないと思っていた時だった。

またある時、政治家の杉田水脈のポスターを見たジャンキーの友達が「うわあ」と言ってのけぞった。水脈や、水脈やあ、と言って怯えていた。よくよく見てみると、本当に、顔全体に葉脈みたいに水脈がうぞうぞ見えてくるのだった。僕もほんまに水脈やあ、と言って怖ろしくなった。

しばらくたってから、人を怖ろしくさせる顔、それ以上に名は体を、いや顔を表すってすごいというようなことをその友達と話した。それから、節、の一文字が入っている母親のことを、未だしっかりと自分を節度の中に押し込めて生きている母親のことを思って、名は顔をか、と思って妙に納得した。母親の顔には怖さがまったくない。そのことが救いみたいだった。

瞑想したかて顔が歪んでるやん、と。そんな救いみたいな気持ちになった。

中《なか》

「そうっすね、僕やったらここにバーカン作るでしょ、ちょうどこの藤棚の長さくらいがいいと思うんすよ、んでJBLを二発っすかね、絶対低音要るんで、ドラゴンベースってジャンルむちゃむちゃやばいんで、絶対セナさんも気に入るっすよ、だから低音やっぱ要るんすよ。僕知り合いに酒屋おって、むちゃむちゃ上がるテキーラ入れれるんでそれは絶対入れたいっすね。VIP？　やっぱ要るでしょ、VIPでねえ、やっぱいろいろなんかせなあかんし」

カタオカくんは背中に金太郎の和彫りが入っているので、支給される生地の薄いタンクトップからはそれが薄く見える。タンクトップは自費でも購入できるけど、おそらくカタオカくんは娑婆《しゃば》であんまりその、素行のルールが良くなかったのでひとりで中に入ってきたという感じ。若いのに小指が一本ない。ギャンブルでなくしたと言っていた。

　セナさんは身綺麗にしていて、手紙や面会も定期的にあるので、ちゃんと犯罪をしようと思って入ってきた人だと思う。口座のこととか、戸籍や偽造免許のことに詳しい。

　ばあぁー！　ええ天気やなー！　と何にもすることがないのでカタオカくんと欠伸《あくび》をする。昨日ラジオでブロックボーイＪＢの曲かかってあったな、むちゃむちゃやばかったな、昨日ほんで僕な、ロヒ（ロヒプノール）な、半分置いてあったやつ鼻からいっとってんや、ほなＭステにファレル出てきたやろ、せやからもうアガってもええわ思てむちゃ踊ってもたわ、二回アガらんで良かったーゆてな、淳、リリック書いてんか、ラッパーやったら毎日書かなあかんでな、昨日書いたやつ歌《うと》てや、と言うので僕は、いや、僕の中にはもう何にもないんで、昨日は何にも浮べへんかったから、ノーモアジェイルゆうＴシャツでも作ろかなーと思ってたんですよ、そのまんまやけど、と言ったらセナさんが、それええな、Ｔシャツて一枚作んのなんぼすんねや、と言うので、セナさんＴシャツとか着るんすか、とふざけて言って、俺はアンダーアーマーしか着やんねけど、ええシノギになるんやったらウチのやつに思て、ウチのやつ最近金ないうるさいんや、と言ってるところで運動の時間が終わった。

歩調を合わせて、イチニイチニ、と言って、工場まで帰る時にまた、セナさんいっつも嘘の話ばっかやなー、と思っていた。それを昼飯の時にカタオカくんにこっそり言ったら、そらせや、セナさん詐欺や、と言った。中では本当の話も嘘になってしまうから、その逆もあって、だからそれは普通だった。

アガるというのは懲罰のことで、喧嘩はもちろん飯とか石鹸歯ブラシのようなモノのやり取り、向かい合った居房同士で会話することや、箸を削って鋭利にしたり、歯ブラシの柄を折って削って円形にしたり、それを使って陰茎に細工をしたりなど、無数にある規則を破ると対象になる。朝から夕方まで、懲罰房で正座で一日を過ごす。針を隠し持って刺青を入れた友人は最大九十日の懲罰を受けて、すごいところに行く、とだけ教えてくれた。トイレでの自慰行為は暗黙の了解でオッケーになっているけれど、バレてはさすがにまずいので、ズボンに本を隠して、アタリに行ってきます！　と隠語で同房者に言ってから行くのがマナーである。とにかくやることがない中では、天花粉をつけてやるのがいい、普段右なら左がいい、俺はこの間シャンプーで行った、バケツを逆さにして、将棋の板をその上に載せると高さがちょうどいい、といろいろ教えてくれる。余談だけれど、トニックシャンプーに少しだけアルコールが入っているからと言ってお茶に混ぜて飲んだアルコール中毒の同房者は、口から泡を出しながら懲罰へ連れて行かれたことがあった。彼はいつも、アタリと大に行きます！　と言ってすごく長いので嫌だった。懲罰へ行くと工場が変わり、またいちから始まるので、そこから彼には会わなかった。

　昨日作業中に思ったことがあって、くだらないことで、それは世界の半分の靴べらがここにある、ということと、世界の半分の炊飯器の蓋がここにある、ということだった。作業は簡単な、それらの袋詰めや、ゴム製品を仕上げるときのそのバリを取ったりするシンプルなもの。単純作業だから、簡単に意識が宇宙に行ってしまって、簡単に壮大になる。長く同じ作業をしていると飽きて気が狂うので、それを防ぐために同じ会社（おもにダイソー）の商品を二つ三つ抱えて、入れ替わり立ち代り作業が進んでいく。僕は出来上がりの製品を出荷するために梱包する作業に就いていて、立って作業できるのでだいぶ気がまぎれる。ふたり一組のその作業ではマタルというイラン人とペアだった。右手を挙げて、交談お願いします、と叫んで、マタルに、ディスイズワールドハーフオブ靴べら、ウィースーンクレージー、と言ったら、オーケー、靴べらイングリッシュイズシューホーン、オーケー、トゥデイランチイズチキン、ノークレイジーファイト、と言ってくれた。

マタルはなんでプッシャーをやってたの？　と訊いたのは一週間前の運動の時。運動時間で全部を話すのは全然できない。マタルは友人にむちゃくちゃ稼げる仕事が日本にあると聞いてやってきた、ホントニカセゲタヨーと言っていた。足速いね、と言うと嬉しそうに、イラン人みんなよ、僕は遅いほう、と言って、ほんとに運動会のとき他工場のイラン人にぼろ負けしてた。マタルはゾロアスター教に改宗しようとしていて、その理由は詳しく教えてくれなかったけど、毎日肉食が多い食事にあった気がする。出てからゾロアスター教の経典を差し入れようと思って、マタルと約束していたけど、ゾロアスター教の経典自体なかった。というか日本支部自体にたどり着かなかった。その旨を偽名でマタルに手紙したけど、返事はまだないと今思い出した。

新しいおじいがまたぶち切れた。今月に入ってもう三人クーラーの当たらない席でぶち切れているので、おそらく場所に原因がある、でも、今度のおじいは最初からぶち切れていた。たぶん隣の居房から聞こえていた、終わりー、人生終わりー、住んだ住吉、てんがちゃやー、の歌の主だと思う。

歯がなくて、いつもニコニコしてるギョウさんは日本語があまりできない。酒に酔って同僚を包丁で殺してしまって十三年。これはギョウさんにジェスチャーで教えてもらったので定かではないけど、だいたいそうだと思う。いつもみたいにニコニコして、包丁で人を刺すジェスチャーをギョウさんがしてから、普通に話せなくなってしまった。

新人のトクラは喧嘩やと言うけどたぶん食い逃げ、このふたりはよく運動場で仲良く話をしてる。トクラと同じ部屋になってからずっと冷や冷やしていたけど、ヒキタさんが入ってきてそれは濃厚になった。トクラは「バカ殿」が観れなくて、もういい！　と言って拗《す》ねるようなやつだった。拗ねてそっぽを向くトクラに向かって、みんな同じように我慢をしてる、我慢をさせられてるのはおまえにまず一番の問題がある、でもそこは置いといて、ほらこっち向け、我慢をさせられてる俺らでいがみあってもしょうがない、俺らが作ったルールは俺たちが守らないと意味がない、という懇々とした説教をヒキタさんがしても、「うあい」と言って寝ころがった。それからトクラだけが「バカ殿」で笑っていた。

消灯からかなり時間が経ってから、濁った音とひい助けてと聞こえてきて、やっぱり、と思って音のほうを見ると、ヒキタさんはトクラに馬乗りになってずっと殴っていて、全然血だらけで、目が合った僕に、報知器を下ろしてやってください、と言ってまだまだ殴っていた。ふたりとも連れて行かれた後、血を拭きながら、テレビのことでなあ、と思ってそれから、ふたりいなくなったから部屋が広くなるなあ、でもまた新しい人が入ってくるから慣れないとなあ、と思っていた。同房のジンさんは、寝込みはあかん、とずっと呟いていた。

刑務所のことについて書くのは禁じ手だと思う。

細胞が逆立つ感じと、空々しい感じ、どちらもちょっとせこいと思うので書かないでいいと思う気持ち。ひとつだけ言いたいのは絶対に行かなくてもいいところだということです。中での生活が長くなってくると、雑居房から独居房へ移動になる。今まで一番の生活の肝だった人間関係から少しだけ緩和されて、部屋に戻ってから考えることは重く深くなってくる。

逮捕時、舌を噛んで逝ってもうたろうとしたことが書類に残っていて、独居房へ移動するのは人より時間はかかったけれど、ついに移動になった。そこは他居房より安心とされているところだった。なぜか理由は分からなかったけれど、一日刑務官の顔を見て合点がいった。中学校の同級生のドドくんが刑務官だった。ひとりで本を読んでいると、隙間窓から十五分間隔でドドくんの顔が見える。ドドくんは剣道がむちゃくちゃ強かった。体育会系だから言葉を交わしたことはなかったけど、たしかにドドくんだった。工場へ行く時、戻ってくる時、ドドくんと目を合わす機会が頻繁にあったけど、ドドくんは一回もこちらを見なかった。僕は、懲罰対象になることだけど、ドドくんに話しかけたりした。ドドくんやんな、僕分かる？　アホしてもたわ、あともう少しで出れんねん、ドドくんこの仕事楽しい？　など。その度ドドくんは用件は！　知らない！　うるさい！　とそっけなかったので、本当に他人の空似だと思って過ごすことにしてた。

半年くらい経ってまた別の刑務所へ移動になる時、ドドくんごめん、もう絶対戻ってけえへんからありがとうございます、と言った。その時ドドくんは初めて目を合わせて、深く頷いてくれた、その夜は僕は声をあげて泣いて、ドドくんはうるさいと言わずに放っておいてくれた。

ＤＪタバコくんには拘置所で会った。その時は僕は被疑者で、タバコくんは連行担当だった。タバコくんには声をかけられなかった。恥ずかしかったし、出たらまたドラッグをやろうと思っていたからだった。出てから「タバコくんに拘置所で会った」とみんなに言ったけど、みんなは「タバコくんからそれは聞いていない」と言っていた。

スキマスイッチの「奏」という曲があって、俺はその歌詞が知りたいというやくざ崩れのＫがいた。独特のイントネーションで僕をアッシ！　と呼ぶので最悪だった。おまえよう手紙来てるらしいやないか、おまえ友達にそれを言って手紙で書いてもらってきてくれへんか、それをおまえ居房で書き写して、それを更衣室の前の階段の踊り場あるやろ、そこで俺のポケットに入れてくれたらええわ、あそこいっつもオヤジが見てへんからいけるねや、あれ俺どうしても知りたい、ほんで俺部屋でしっかり最初から最後まで歌いたいねや、と言ってしつこかった。歯もぼろぼろの、虚勢だけのKだった。しかし、今まで僕が言っていた、大丈夫ですよ、行けますよ、知ってますよ、という嘘も混じった返事を思ってKは言っているので、無理です、が僕は言えなくなっていた。このとき僕は高等学校卒業程度認定試験つまり旧大検の資格試験修了コース移動が決まっており、一度でも懲罰や注意を避けたい状況にあった。

Kはふわふわで、受刑一年目特有の何でも内に入って後悔するその感じも、独自のやり方もしくはその人間性で無しにしているみたいだった。僕はあそこの踊り場で交談でいかれたやつ知ってますよ、いや俺はあの階段二段目が死角になること知ってる、まず更衣室で全員のポケット朝見てるの知ってるでしょう？　いや俺はだから帰りのこと言ってるんや、俺はこないだヤスリ持って帰ってんねん、それ奇跡ですよ、エイバラさんスリッパ間違えただけで持ってかれてんすよ、それは普段の行いが悪いからやんか、と、どうしようもない。どうしようもないのは自分のせいで、なんでも安請け合いする。ちょっと知っているようなことでもすごく知っているようなことを言う。それは処世術のひとつとされていてその時は信じていて、でもキワを攻めるしかない人にとっては格好の綻びだと思う。

そのとき源悪に触れてなかった？　その後、状況とか出来事のせいでその醜悪がごまかされてなかった？　その醜悪があるから、絶対にダメなことがある、とかその後絶対に後悔する判断があるとかを人に言えるようになったんじゃなかった？　寝言で歯ぎしりするくらいいやぜこっちは、溜まったツケ、未払いのギャラ、そんなところ全部にお金を払いに行きたいけど行けないよ、盗んででも払いに行こうよってか、払ってんのかな、払ったことになってんのかな、でもじゃあ払ってないやん、笑い話になってまあいいか、で終わっている話は僕が根源から変えなくちゃ。僕の発端は僕が解消しないとえらいことになる。世界の均衡はここで守らないと眼に見えて腐っていく。あんなことやこんなこと、思い出すひどい事柄、ただ自分がだめになっているのを認めたくなかっただけじゃないか。何かやってる、をとりあえずその夜やるだけ、ごまかした夜はもういやだ。夜は毎晩、テレビに出てた「歌が見つかって良かった」と言っていた女子高生と同じ気持ちになろうとして眠るだけ、眠ろうとしてて、今だから夜はもうないねん！　あ、すみません、夜はもうないんですよ、だから根本的に僕には手紙を出せるような、スキマスイッチの曲を書いて送ってくれと頼めるような友達はいないんですよ、とKに言った。

Kはいろいろ言って、もう少しで俺は電気工事の資格を取りに行くから、と言って開いていた大股を閉じた。その後、Kとは本当に教室で会った。Kは優良生になっていた。Kの言っていた元やくざというのも嘘だった。


ここはスカッと地獄や、たくさんのチャンスが脱ぎ捨てられたその後や、チャンスの残骸ばっかりある、引いても押しても地獄ならってとことん逃げて、でもこんなところにたどり着かなくてもいいいやんなあ。

みつきくんこんにちは。こちらはふたつ季節を越えるところで、秋も手伝ってかちょっと郷愁的です。窓の外には鳩がいて、涼しくても暑くても発情しているそれを見て、「僕

みたいだ」とか「人より雀のほうがえらい」とか「阿呆よりかしこのほうがせこい」など

と思っています。みつきくんの暮らしは健やかですか。みんなは元気ですか。こちらは元気です。

アキ姐にみつきくんの姓名を送ってもらうよう頼んでいましたが、到着を待たずYahoo!メールの受信名をはっと思い出し、今回の手紙発信に至りました。受刑生活は七か月を過ぎるところです。今回の判決は懲役一年（実質十一か月）と軽く、弁護士やダルク職員も驚きの結果となりました。

出所後二年間は監察所へ月一回出頭&尿検査へ行かねばなりませんが、これは良いことだと思っています。薬物に取り囲まれていない未来のほうが明るいかもしれない、刹那的もいいが、明るいほうの未来を選び取りたいと初めて思えるようになってきたからです。

こう思えるようになったのはみんなの言葉や強い印象に依るところが大きく、それは自分にとって財産です。依存症治療に専念することは、倦怠、伸び、焦燥感をむちゃくちゃ呼びますが、先の決意をより固める方向へと踏ん張っているところです。「○○でなければならない」とか「○○をすることを他人はどう思うか」とか「○○は○○べきだ」とかいった考えで頭がぱんぱんになっているような時、MC生活の〝どうでもいいですよ、だってへそのごま〟という歌をリフレインさせたりして救われています。

今暮らしているのは〝泣く子も黙る〟〝天下の〟大阪刑務所です。累犯と言って服役二回目以上の受刑者が服役しているため、前刑の初犯刑務所とは違い、やくざや元やくざの親分やコンビニ強盗、凶悪犯、プッシャーからホームレスまでが一緒に生活しています。一言で言うと《果て》という感じです。まじ果てだなあと思ったのは八年前くらいに一緒にしゃぶを買ったことのある西成・自称眠剤屋に会ってしまったことです。彼は「今いっちゃんええのはモルヒネや」と言っていました。看守は工場担当以外は厳しく、語尾に見えない「コルア」「オルア」が含まれているため、犬のような気分になる時もありますが、「でかヨーダ」「鳥」「正ホームベース」などのあだ名をつけて溜飲を下げたりしています。同工場のイラン人（プッシャー）やアメリカ人（密輸）とはスラングの意味を聞き合ったり、「ハゲを英語で?」「サン・シャイン」とか「TWICEだ」「E-Girlsだ」「宇多田ヒカル&松任谷由美フロムアナザープラネット」などと言い合ったりしています。活きた英語だと思います。

服役十回目のおじいに「俺みたいになるな」と言われたり、八回目のプッシャーに「捕まると分かっているし、注射しても何も気持ちよくないのに、俺はやってしまう」と言われたりして、胸はやっぱりずくずくになります。もっとヒヤッとする時は、自分もそこにいるという現実を見た時とかです。

手紙の下書きはこうしてノートに、ノートには今日それと「自分で考えられるようになるまで十年かかったことがある」と書いて、「豆腐ステーキ・豆腐ににんにく醤油・山芋（おろし）・じゃが芋あら千切り」「田原俊彦と松田聖子が出てきた時、日本の何かが変わった（ジンさん）」と書いた。

テレビがつく時間になると、ノートを仕舞って布団を敷く。寝る時間までは二時間くらい、テレビと本を交互に。昨日はラジオでかかっていた山下達郎の『メロディーズ』の、アルバムジャケットのTシャツを着た女の人がテレビに出ていてすごく宇宙な気持ちになった。それにカフカが、何かの本で「自分の方が優れていると思うのは思い込みだ」と書いていたので、すごく大事なことだと思った。

さて今日のテレビは面白いかな。今日の本は何にしよう。明日は、新しくない文化住宅に住んでいる友達のことを思ってまた手紙を書こうと思った。

ラジオでは平松愛理が話していて、差し入れのカステラをおいしそうに食べて「ありがたいですね」と可愛く言っていて、僕は本当にそのとおりだと思っていた。

糸糸糸

引っ越し屋のバイトをしている時はコンプレックスとの闘いだった。二十歳になるかならないかくらいの頃だったと思う。

クラブに遊びに行っても、脇から嫌な臭いがしていないかすぐ確認していた。そんなんどうでもええわと言いながら、少し仲良くなった女の子に「進化論をきみは信じるのか？」と言ってインテリぶっていた。じゃあ猿が猿のまま現在《いま》いてることは異常じゃないのかな、猿が人間になるのだったら猿はもう現在いてないはずやんか、進化論はだからおかしいよね、と言ったけど、それは神の存在を肯定することに繋がると思ってぞっとしていた。その頃はブニュエルの「わたしが無神論者であるのも、ひとえに神のおかげである」という言葉に出会ってなかったから、そこでいつも黙ってしまった。その子はうーんと伸びをして、濡れた目で僕以外を見てた。

Club STOMPでアルバイトの面接をやっているのを雑誌「カジカジ」の求人欄で見て、すぐに電話した。面接当日は、Pelle Pelle《ペレペレ》の一張羅の分厚いネルシャツで行った。ボッテガなんとかみたいな貴金属の営業の給料が支払われてなくて、ずるずるの貧乏だった。鳥肌実のYouTube動画が読み込まれてずっと止まったままのウィンドウズのパソコンで、その会社が詐欺で取り締まられたことを知った。鳥取だったか、そこで貴金属を二十万円分買ってくれた女性を思い出していた。

ロイヤルホストで、その女性はひときわ白い肌をしていた。同僚のマルボロの吸い方は口いっぱいに煙を溜めて、コプッと食べるみたいな吸い方で、その時は絶対下を向いてだった。

朝マック、に初めて一緒に行った。同僚の同僚は朝、飲み物も何も飲まずにセブンスターを吸う。その瞬間は嘔吐《えず》くけど、幸せを感じるのはその時が一番、と甘いセットを食べていた。マルボロの同僚とセブンスターの同僚は付き合っていることを、ジャック＆ベティで行われた忘年会で言ってくれた。僕はビール一杯でべろべろになっていて、最初はやっぱり痛いもんなんですか、と店の人に訊いていて、そらあそうよ、血ぃなんかいっぱい出るのよー、と一緒に爆笑してた。

キノさんは面接の時、音楽何好きなん？　と訊いてくれたので、僕はその時ＣＤ－Ｒに焼いてずっと聴いていたレディオヘッドの『ＯＫコンピューター』を言った。ほな採用、という感じだった。時給は七百十円、交通費はなし、という条件も「全然大丈夫です毎日入れます」と言って天にも昇る気持ちだった。バーカンに案内され、しょうこちゃんはアネキという感じでそこにいた。

なに呑む？　えっとコーラ？　でお願いします、お酒は？　呑まれへんの？　えっとじゃあお酒で、とくれたＺＩＭＡ《ジーマ》はむちゃくちゃ美味しかった。こんな美味しいの、やっぱりみんなそら呑みますよね、と思ったけど言わなかった。

ＳＴＯＭＰではいろいろなパーティーをやってて、毎日が夢みたいだった。ＳＴＯＭＰ

の六周年の時、ジャックダニエルのショットをひどく呑んで、バーカンで寝てしまった。ひどい二日酔いになりながら、むちゃくちゃ楽しい、とSTOMPの奥のソファで繰り返していた。洋服にはSTOMPの臭いがこびりついていて、それが本当に誇らしかった。

STOMPができた頃からずっと続いているスカのイベントや、オーナーは桃谷の大学の近くにもうひとつの店をやっていたから、その学生のイベントがだいたいの週末に開催されていて、そのどれも楽しかった。ただ平日の、絨毯をフロアに敷き詰めて寝転がって爆音でアンビエントを聴くパーティーや、どう見ても頭がおかしいとしか思えないカクカクのダンスとテクノが融合したユニットのライブ、スピーカーを持ち込んでバキバキのフロアに仕上げてから、圧倒的なミニマルテクノを発生させるイベントなど、良いと思うスイッチを自分の中に作ることから始めるようなイベント群は、ほとんどキノさんのブッキングだった。

最初は緊張しながらそこでお酒を作ったり、出ている人と話していたけれど、どこが良いという言葉が見つからないまま、そのイベントの前日はワクワクして仕方がなく夢中になっていた。キノさんに、これは何なんですか？　こういったCDはどこで借りれるんですか？　と訊いては忘れる毎日だった。

紙の、月間スケジュールを他のクラブに撒きに行くのを手伝ったりしているうちに、他のクラブで働く同年代のミュージシャンたちと友達になった。全員お金がないから、行きたい観たいイベントを無料《タダ》で行き来して遊んでいた。週末開催されているお客さんがたくさん入るイベントで、STOMPのいろいろなお金が払えていることはやっと理解した感じだったけど、それでも夢中なキノさんのイベントをもっとやって欲しい、もっとやってくださいよと言っていた。

かんちゃんが出ていたディスコのイベントもSTOMPだった。そこでJR福知山線脱線事故で、重傷者の中に名前があった中学の同級生のハマネさんに久しぶりに会った。ハマネさん！　ハマネさん、幽霊ちゃうやんな事故大丈夫やったん、と言うとああ久しぶり、事故は首の骨折っただけで、全然大丈夫やったよ、と元気に踊っているのだった。

衝撃は朝まで続いて、ハマネさんマジか、首の骨マジか大丈夫やったんや、と言ってうるさくて、そのイベントはＤＪプレイが全部良くて、それで踊るハマネさんはものすごくかっこよかった。

朝、きちんと同じＳＴＯＭＰの臭いになって、ハマネさんは電車で川西に、僕は助言も聞かずに家賃の高い日本橋の家に無理して住んでいて、そこに重たい感じで自転車で帰った。


何年か経って、しょうこちゃんとふたりで営業が終わった後、焼酎のグレープフルーツ割りを呑みながら、お酒がないとやっぱりお客さんと話すのは大変よねえ、と話していた。糸、頭の先から糸が出ているイメージで、自分のストレスを出す練習をしよう、とこうなった。

目を瞑《つぶ》ってうーんと唸って、糸糸糸、糸でこうやって、自分のストレスをこう、月給十万で六万の家賃、うーん糸糸、掛け持ちのバイト面接は間違えて高級ワインバーで、蔑まれた結果、豚肉専門店の店員に飛ばされたこと、そこの店長はどうやらゲイで、唐揚げを揚げながら尻をねちっこく触ってくること、糸、不思議と冴えた頭でトイレのゲロ掃除をしてたらマリファナとパイプが出てきてみんなで吸ったこと、良くなくて全員暗く寝たこと、糸、ジャンベ奏者としっかり話して、お客さんの百二十パーセントは自分の百二十パーセントだと、それがどう見えても百二十パーセントだということ、これは糸じゃなくて芯として留めておきたいこと、最近金庫から十万円が定期的になくなること、鍵を持っているのはアルバイトでは僕としょうこちゃんと、姉妹店の保管分だけということ、キャッシャーから正面に見える売れっ子のポスターがどうしても目につくこと、「ゲスト、金要らんやろ」の人、「酒、金要らんやろ」の人、人が変わったみたいに睡眠薬を砕き出してしまっていること、畏怖してしまうこと、辞めた人、辞めさせられた人、その人たちのひどい行い、その人たちの素晴らしい行い、自分のひどい行い、自分たちのひどい夜、糸糸糸、となったくらいでキノさんがバーンとフロアに帰ってきた。

びっくりしてしょうこちゃんと、キノさんどこ行ってたんですか、呑めへん酒なんで今日そんなに呑んだんですか、足からは血が出てて、これ、これはどうしたんですか病院行きますか、と言うとキノさんはああこれ、長堀通りでちょっとさっき傘で刺されたんやけろ、全然大丈夫、とにかくのつかれえ、早よ帰りやごにょごにょごにょ、と言って地べたにそのまま眠った。

　刺されたってそんなアホな、と思って上へ出ると、売れっ子のポスターはビリビリになっていて、ＳＴＯＭＰの看板は剥がれてなくなっていた。えらいこっちゃしょうこちゃんこれ、てゆうかこの看板両面テープでついてるだけやったんや、いやでもこれないと絶対あかんよね、しょうこちゃんこれ看板探そうえらいこっちゃ、と言ったらすぐそばの、コカコーラの自動販売機の脇に打ち捨てられてあった。

　キノさんに相談してた「アメリカ村のお洒落な箱《ハコ》に、どんな表情で出たらいいか分からなくて」とか、「月に一回それがあることは本当に嬉しいことなんですけど、これ僕たちが出る意味合い、なんかあるんですかね」といったどうしようもないことを思い出していた。そういえばそのパーティーにキノさんは来てくれたことがあって、そのとき僕とキノさんはＢボーイだらけの階段に浮いて立っていて、浮いた話をしたんだった。その時の話の終着点は、キノさんが酔って家に帰った時、起きたら部屋の真ん中に人糞があって、それは結局自分のものだと分かったという話だった。キノさんは酔ったら宇宙になるから、と思ってなんでか清々しい気持ちになって、看板を持ったままもう一杯呑もうと言ってまた下に降りた。

　バーカンに看板をそっと立て掛けて、しょうこちゃんと焼酎のグレープフルーツ割りをまた呑んだ。二階堂の原価もグレープフルーツジュースの樽の原価も知っているから、一番気楽な飲み物だった。

　奈良のモールミュージックで、ある時、シンセでビヨビヨ高揚する感じのレコードないですかね？　とみつきくんに訊いたら、Isolée《イゾレ》のレコードを「これ、ＳＴＯＭＰのきみの卒業の時にかけたやつよ」と言って渡してくれた。卒業するんやから、そらもう思いきって全部突っ込んで、全部出しきった方がいい、と言ってくれたのはクラッパーというクラブのアライさんと、キノさんだった。その頃のむちゃくちゃからはあり得ないほど、みんなが出演を快諾してくれて、どうタイムスケジュールを組んでも二十六時間になってしまうことを、店長だったけんぼうさんに打診したら、やれるだけやってみたらいいと背中を押してくれたんだった。上に住んでる苦情がひどいおばあのケアも、あまりにもひどくなったら俺が寿司屋のじねんに一緒に行って回避するから、と言ってくれて感動だった。みつきくんが渡してくれたそのレコードは、タイムが結局押しまくって二十時間目くらい、フロアでTaich《タイチ》くんと声が出ないくらい感情が震えたレコードだったのですぐ思い出した。アゴをいがまして「やばいですね」と言い合ったけれど、いろんな人が総合して成り立っていたやばさだったことを、いま火照った気持ちで思い出した。

二日間の共通パスみたいなチケットを印刷して切ってくれたしょうこちゃんや、夜明けのためにとインスタントコーヒー、そのためのお湯のポットを貸してくれたPAの人——その頃僕は結局日本橋の高い家賃が払えなくて、STOMPの事務所に寝泊まりしていて、夜はそのPAの人と同居みたいに、炊き込みごはんや味噌汁を食べる、その味噌汁用のポットだった——フードの用意にキリキリになっていたちぐちゃんや、むちゃくちゃな営業時間に出勤してくれるいちごちゃん、ヘルプで入ってくれる姉妹店のミニーちゃん。みんな苦笑とか嘲笑もあっただろうけど、きちんと向かって笑ってくれていた。

俺はこれが絶対に良い、だから確実にやりきるんだという気概というか胆力は少なくて、ゴールというか終了はあるけど、純粋言語はみんなのその笑顔の到達点とか飽和点、みたいに感じてそこに向かっている感じだった。途中マーシャルのアンプから音が出なくて、淡々としたキックだけが二十分くらい鳴り響いて、ようやく弾丸みたいなノイズが流れても成立してた。楽屋の電球が切れて、明かりはここにあると差し出されたのはSM用の蝋燭だった。凶悪なアンビエントセットが予定より長時間になってみんな棒立ちになってても、バンドセットに転換するとき一時間近くオーバーして、もうレコードがないとDJに言われても、ギターのネックが折れたまま演奏が続いた時も、詩とシンセだけ響いているフロアで小さい子どもだけが踊っている時も、テンションが上がってしまって照明を極端に暗くしてしまって、ステージからマイクで明かりください言われても、最後は笑い声があったから成立していたように思う。

朝、コーヒーをみんなで飲んで、折り返し地点と言って刹那に笑って、都市型レイヴやと言われて笑っていた。笑ってないのは終わりがけ、かなり早まったドラッグのお金の取り立てに来ていたプッシャーだけだった。

直接は面識がないのでそのプッシャーの友達に「今日？」と何度も訊いた。今日、と何度も言うので、けんぼうさんに「本当に申し訳ないのですけど」と言って給料を前借りした。笑ってない顔が連鎖するみたいで、全然成立していなかった。ドラッグも酒もとっくに天井で、だから最後の一時間くらい、壁にもたれて眠ってしまった。全部が終わって片付けも半分くらい、もうこれらは明日にやろうと言って、楽屋でみんなで折り重なって寝た。

そこに突っ込む言語がある時、綿でも食ってるみたいにしてぼわぼわにしても、何にも進んでいない。それはずっと先に必ずディレイ形式で大きくなって効いてくる。それはその時知らなかった。欲しい、と、生きていく、のバランスが取れていないこと。欲しいを先行させている人間が、他を蔑ろにしてしまっていること。暗い顔の連鎖。欲しいという気持ちが見えた人に対しての、角度の違う言葉。だからぼわぼわになる。これからも欲しいということだけが伝わればいい、というような言葉。つまり、すれちがって行為だけがあって、本体のないところに全力で阿る《おもね》、そのいやらしさ。その物質に血圧とか脈拍はあるの？　そのいやらしさで僕は血圧も脈拍もその度上がってる。がんがんにやっていかなあかん、の、がんがんがいつしか角度が違ってきたのやっけ？

ベルとか換気扇がうるさく鳴ってる。楽屋から離れたスピーカーからは熱量が少し残ったみたいに、ENITOKWA《エニトクワ》さんのミックスＣＤが薄くかかっていて、VERMILION《ヴァーミリオン》 SANDS《サンズ》のＴシャツと、ＳＴＯＭＰの六周年のＴシャツ、おばけじゃーのＴシャツや、蝋燭の蝋が垂れて一部がピンクになっている白いＴシャツが折り重なっているのが見えて、最高を取り戻した気分になって、またすぐ眠った。

次の日のＳＴＯＭＰの営業は通常通りだったけど、掃除をしている時に、はっともうスタッフじゃないことを思い出した。全然現実じゃなかった。夢のついでのように思い出したけれど、ＳＴＯＭＰからの帰りのケイタくんに会ったことがあった。僕は家族が駅で大集合し、義兄に押さえつけられて借金が先延ばしになったあの夜、ガリガリ君の夜の帰りだった。

僕は見るからにボロボロだったと思う。ケイタくんはいろいろ臭う僕の肩を組んで、久しぶりやな、大丈夫なんか、と言った。いろいろな理由で口ごもった。やったらあかんこと、やって恥ずかしいことばかりしてる。一番悪いのは、それに夢中だということ、夢中なくせに、STOMPで出会った人たちは明るくて、眩しく映ってしまう。

僕はモゴモゴして、大丈夫、ありがとう、痩せて見えるのは寝てないだけで、とやっと言った。ケイタくんは九条の駅前のファミリーマートでワインを買って来て、「マリヲ、ええから家《うち》でワイン呑もや！」と言ってくれた。僕は逃げるように家に帰った。ケイタくんの「いつでも家来てええからなー」を背中で引きちぎるみたいにして、その時は暗い家に帰ったんだった。


STOMPを辞めることになったのは、その頃夢中になっていたノイズミュージックについて、世界で一番うるさい街はインドのカルカッタだと聞いたからだった。

どうしても行きたかった。それから引っ越し屋の日払いのアルバイトを寮に入ってして、お金を貯めた。今までの貯金最高額の二十万円に到達するまで、コンビニのATMで預金を毎日更新して嬉しくなった。チケットを買って、少し先の出発日を知ったしょうこちゃんが「少しなら」と言って自分の部屋に住まわせてくれた。もちろんもう引っ越し作業員でない僕は寮に住む資格がなかった。

二週間くらい、しょうこちゃんも派遣や日払いのアルバイトをしながらSTOMPで働いていた。

テレビの砂嵐を観ながらヘッドフォンでメルツバウを聴いていても、しょうこちゃんは何も言わなかった。ジャミロクワイを聴いて、板尾創路のスカイフィッシュの捕まえ方みたいなDVDを観て、淡麗のグリーンラベルを呑みながら、STOMPではいろんなことが、糸とか言ってる時もあったねえと言い合った。

松島新地の中にしょうこちゃんのマンションはあって、今日帰ってくる時におばちゃんに、兄ちゃん遊んで行きいなじゃなくて、おかえりと言われたことを笑って言った。淡麗がなくなったので買いに外に出た時は、もう隣の店は閉まっていた。出発日が迫っていて、しょうこちゃんにはタバコでクッションフロアに焦げを作ってしまったことをどうやって言おう、と思いながら近くのスーパーに歩いていった。

経由地のタイで睡眠薬強盗に遭ったり——そのとき僕は睡眠薬をテンションを上げるために常用していたから、かなりきついものだったと思う——ブラックムーンパーティーの前に騙くらかされたMDMAっぽい錠剤で眠りこけたり、ボクシングジムが併設された変なキャンプでオムレツを食べたり、インドに入るのにビザが要ると知らなくて、しっかり足止めされてしまったり、ガンジス河を行きたくもないのに障害がある立ちんぼを思ってクルーズしたらしっかり騙されたり、ブラウンシュガーを頼んだら導師《グル》みたいな風貌の人に砂を渡されたり、ハッピーと名乗るプッシャーに部屋がばれて毎朝来るようになって逃げたり、銃で脅されたことがあるという放浪者がきっちり日本人の彼女を作るところを見届けたり、金網の向こうから時間外にお酒を買ったり、バングラッシー屋で日本人女性が男性ふたりを侍らせて飲んでいるところに遭遇したり、その人は大阪のアトモスフェーレでまた会ったりしたり、ナムナというあだ名をつけられたり、頼んだチョコレートが全然届かずラッシー屋でゆっくりしてるそいつにまた会ったらお金の代わりに要らない布を渡されたり、ガンジスで洗ったから俺の罪はもうないんやよというそいつに懇々と説教したり、美容室でシャンプーは要らないと言ったと怒っているところを偶然日本人が助けてくれたり、牛乳屋とリキシャが事故して、どうみても悪くない牛乳屋の方がリキシャの客よりカーストが低いだろうせいで謝っていたり、バラナシの皆既日食ではインド中からサドゥーが集まって、不吉な兆候の、太陽が隠れる瞬間にハーレーハーラーといって念仏を一緒に唱えたり、そのサドゥーのうちのひとりが作るチャイはガンジス河の水だと知らなくて飲んで、二日間寝込んでしまったり、そんないろいろがあって帰国した。

トランジットの北京で、股間に張り付けていたブラウンシュガーをトイレに間違えて流してしまって絶望してた。「これでしばらくは」と阿った感じで思っていたからだった。

コカコーラの小さいTシャツを、チャイ屋の男の子と交換してそれを着てた。帰国して最初に会った、「今日」と何度も言って譲らなかったプッシャーの友達に、おまえは臭いと言われて銭湯に行った。そこで五年間くらいずっとしてた眼鏡が真ん中で割れた。そのまま市内関係のライブがあって、その会場に行った。敗血症寸前と診察された足の傷はそのままだった。みんな笑っていた。彼女が「東京行きのバスを取ったから、今日出発しよう」と言ってきた。その時点ではまだ彼女じゃなかった。旅行がまだ続いている気持ちで、驚いた顔をして「うん行こう」と行った。

東京でもいろんなことがあったけど、驚いた顔はそのままだった。その顔はだっちゃん家に居候することになった時も未だ続いていたと思う。

道の店

執筆やからとか言ってかこつけて、西成のホテルダイヤモンドの一室にいてる。

受付にはゆうちゃんという雑種の犬がいて、金髪の若い作業員も、カップ焼きそばをランドリーで食べてる歯がないおじいも、荷物の多い太ったアジア人女性も、「ヨウちゃんちょっとお願いあんねんかー」と言って雪崩れ込んでくるポン中も、みな一様にゆうちゃんかわいいなーと言って朗らかになる。

これが聖域《サンクチュアリ》かと思う。

最高の宿だけど、この前ちょっとケチって千三百円の部屋に泊まったら全身をダニに噛まれてえらいことになった。だから今日は千六百円の冷蔵庫つきの部屋にして、おまけにレジャーシートを百均で買って、余分にシーツも一枚もらったから完璧。

もっと言えばもう飲まなくなってしまって余っている睡眠薬《サイレース》を十四シートほど持ってきているから大丈夫。何かあって全部がなくなっても、飯とか帰る時のいろいろはなんとかなる。これを深夜に売ればどうにかなるはず。

僕が住んでいる時は、最低一シート五百円くらいになった。今はどうか分からないけど、モーニングと電車賃に、あと鍵代として預けている千円が戻ってくるからつまり最強くらいの気持ちでなんとかなる。喫茶店の方のマルフクでテレビを観ながらコーヒーを呑もうか、それとも朝から八福神で一杯やってから帰ろうか。今は帰るところがある、帰るところがあるというのが最強の気持ちの底上げやん、と思って、スーパー玉出で買ったサッポロを呑んで、かに玉を食べている。西成の自動販売機はちょうどが全部ある。今日昼間食べた中ちゃんのホルモン、それを夜も野菜をトッピングして食べようと思って行ったけど、十九時で閉まっていた。その帰りに聞いた話、加藤登紀子が三角公園の夏祭りでライブした時、客席のおじいからもらったワンカップをそのままクイッと飲んだ話で感動してしまった。少し遠い玉出も、一本裏の通りを通って行ったらおっちゃんが「これ俺の女やねん！」と少しロン毛の男を捕まえて言ってた。ロン毛の男は声をひっくら返して「なんちゅうこと言うねん！」と言ってて、そのふたりの話を聞きながらまだ若い兄ちゃんが空き缶を集めて「それは良いことですね」と言ってた。それを見ながら歩いていたら一瞬だった。ここではこの街は、人の蠢《うごめ》きがいつも人をドキドキさせていると思う。

東京から、ゴクサイくんとピル兄とその仲間が来た時、新今宮の駅に朝着いたので、みんなに赤玉を四分の一ずつ渡して食べてもらって、「さあこれからザ・大阪西成ツアーの始まりです」と言って歩き出した後の、みんなの夢中が嬉しかった。十日戎《えびす》のすぐ前だった。シンセサイザー、洋服、ＶＨＳ、靴、レコード、洋服をみんなものすごく買って、みんな楽しそうで誇らしかった。

僕は中村さんに誘われて、そこで買った洋服のあれこれとか、もともと持っていたあれこれを明日から売る場所を譲ってもらっていた。タケシという親父の横でやることになった。タケシはずっと汗と鼻水を垂らしているけど、いい人だった。ちょっと前、売人を探して一緒に弁天町まで行って、マンションがもぬけの空になっていて一緒に絶望したことがあるので安心だった。「じゃあ明日からここで、ひとまず一日だけよろしくお願いします」と言うと、タケシは「僕もがんばるからね！」と、どこの訛りか分からない言葉で言った。みんなはもう見えないくらい夢中になっていて、ちょっと心配になったけど住所と鍵を渡してあるから大丈夫。僕はタケシと森さんと――森さんは彼女を沖縄料理屋へたまに呑みに連れ出してくれる――一緒に赤玉をかじってビールを呑みながらゆっくりしていた。明日からの泥棒市出店は、彼女がとても楽しみにしてる。「値切られたらどうしようかな、でも絶対いいのを持っていくから大丈夫やんな」とウキウキしていて良かった。みんなも見えなくなって、僕も少し眠くなったので家に帰った。

帰ったらみんな眠っていて、ひとりはアフロのかつらにフェイクファーのコート、ひとりはピンクのロン毛のかつらにイタチのマフラーをして眠っていて、僕はむちゃくちゃ嬉しくなった。渡したつもりの鍵は僕のポケットに入ったままだったので不思議で、ゴクサイくんに訊くとたこ焼き屋の横に伸びる電信柱から伝って窓を開けて入ったらしい。そんな入り方があったのかと思ってその自由さに身震いがした。尊敬の念がほとんどだった。

次の日、全員が覚えていない。これは要らないもの、なんでこんなの買ったんだろう、と言って置いていったその洋服とかマフラーを、僕たちは道に出して売った。その金でみんなで酒を呑んで、赤玉をかじってまた寝た。

今日ホテルダイヤモンドは部屋がいっぱいになっていて、たまたま腹が減って限界で、ファミリーマートで買ったスパゲティを立ち食いしてたら、フロントのお母さんと目が合ったからホテルラッキーに入った。二一二号室。シャワーは二十四時間使えるし、浴場も別にある。フロントの横に座っていたオーナーのような外国の人が、丁寧に設備の説明をしてくれて禁煙で土足禁止、ここで部屋に入ったけど、全部が揃いすぎてる、と思ってしまった。今日は気が抜けていたのか余分なサイレースを持ってくるのを忘れているし、そういう意識の緩みが今日の全部に反映されているのだと思う。

ダイヤモンドは浴場の前のランドリーに、歯がない目が半分潰れたおじいがいつも座ってる。そのおじいの立ち振舞いとか言動は全部絶対大丈夫、という感じで、そのおじいと目が合うと会釈して、それで元気になる気持ちがする。

何もかもダメになっても結局ここがある。と思って少し強気になれるような気持ちは、自分でも不思議で全然説明できない。

「ただいま」

岸里《きしのさと》の土壁のアパートには全部で二年も住んでいないと思うけどいろいろあった。初めて覚せい剤を鼻から吸って、シンセサイザーをずっと弾いてしまって警察が来たのもここだった。それからは『ソフィーの世界』みたいな柔らかい映画を観る時も、音量を下げて観る羽目になった。

その前はだっちゃんという友達の家に転がり込んでいて、転がり込んだ時ユニットバスがカビだらけだったので、それをお礼といって掃除して、ありがとうと言うだっちゃんにかこつけて彼女も転がり込んで、だっちゃんのご飯を作るという一点でずっといた。近くの九十九円ショップで万引きしてきた食料がその食事の主な材料だった。僕が逆だったら発狂してしまうと思う。

　そこは最初にブランキーという友達が住み、その後にニッケルマンという友達が住んでいた大国町のアパートで、一階にゲイのおじいちゃんが住んでいて、ブランキーはそのおじいちゃんの部屋に入って牛乳をご馳走になった後、ポストにゲイ雑誌の付録の絵ハガキが定期的に入るようになったこと、ニッケルマンは彼女が泊まった日の朝は必ずコンドームと小さいローションがドアにテープで張り付いていることを悩んでいた。僕はでもここが好きで、よく行った。人間くらいでかいスピーカーを拾って、ニッケルマンにあげようと思って届けたのもここだった。結局音が出なかった。だっちゃんは優しいので、そこにいることを、僕と彼女がお金が貯まるまで放っておいてくれた。そうして貯めたお金で、敷金礼金あわせて二〇万を不動産屋に支払って、鞄ひとつくらいで引っ越した。紹介してくれた不動産屋の店員と、食事の約束を取って来たのは彼女だった。それくらい仲良くなって初めて、「どうしてもと言うなら」と出てきた物件がこの岸里のアパートで、岸里に決めたのは西成、泥棒市に行きやすいということも理由として大きくあった。

泥棒市には朝、クラブで踊った帰りに、そうでない日もよく朝から金麦を呑んで行ってた。さっきもぶらぶら歩いていると、いろいろな記憶が蘇ってきてすごい気持ちになった。角の、電動工具の高価買取のテントの前で店を出していた韓国人のおばちゃんから、赤玉をよく買った。一番安かった。飛田新地まで繋がる商店街の入り口にソファを出して座ってるいかつい親父は、全部持っているけど高かった。時計を主に出してるしゃくれたおじいは、この間ドヤで布団をかぶって部屋から出れなくなるまで注射したと言ってた。「そのとき俺はコーヒー牛乳で溶かしたから腕がまだ痛い」と言ってハルシオンをくれた、気持ちが弱っている証拠だった。

新今宮の駅にすごく近いところで洋服を出していたサイケなファッションのお兄さんは、坊主に細い弁髪で、いつも金がないと言っては太った嫁の顔を窺っていた。今は店舗を出している別のお兄さんとは、ダウンジャケットとロヒプノールを交換したことがあって、その時そのお兄さんは砕いて鼻からいきたてだったから青い鼻水が垂れてた。ハイツマルケイの一〇一号室、道に面したその部屋の窓を叩くと、中から注射器と一回分が三千円で出てくることがあると聞いていたけど、一回もそうならなかった。何回もその窓を叩くようになったのは、南海電車の高架沿い、西成中から大量に集まるゴミ置き場からパケや注射器を探すようになってしまってからだった。仏壇や犬小屋も捨てられてた。阪堺電車の駅の近くのローソンのトイレの、便座シートの備付ケースの中からは大量にパケが出てきて、それを全部集めると一回分にはなった。

こういったことの中の、人として恥ずかしくないことの全部を僕は中村さんというおじいから教えてもらった。

中村さんは元気だけどおじいで、ドヤを二部屋借りたり携帯を何台も持って手配師みたいにしていたけど、いやらしくなかったので好きだった。中村さん以外からはほとんど買わなかった。中村さんと電話が通じない時、廃棄のコンビニ飯を売ってるおじいや、ドヤの掃除をしてる元気なおばあに訊くと大体居場所が分かった。喫茶ドレミか千成屋で集合して、モーニングして、そこからジャンジャン横丁の寿司屋に移動して、そこでお金を渡して、そしたら中村さんはそれをそのままカウンターの板前に渡して、カウンターの天袋から封筒が出てきて、それをいつもそのまま受けとるのだった。「中村さん、ちゃんと中村さんの分取ってや」と言ってもそれは変わらなかった。その寿司屋に癖の悪そうな親父が出所してきて、出てきて最初の飯を喰わせながら、「あいつはまた戻るから」と言って上握りだった。ときどき注射器百本買ってくれとか、マリファナ五十グラム今日用意してくれ、という無理難題を言うけど、「できない」と言っても何も変わらない。俺は風邪を引いた時しかやらん、あんまりやり過ぎるなといつも言ってて、人工透析に二日に一度行く。それがひどくなって入院した時も、「病院まで取りに来い」と言ってベッドから封筒が出てくるような不思議な派手な人だった。中村さんは東京オリンピックの記念硬貨をネックレスにしていて、それが歯の銀色とすごく似合うのだった。

新今宮の駅の近くのファミリーマートで、彼女が「万引きしてない!」と言って店員と揉めている時、僕は外の壁に、忘れたけど何かをマジックインキで描いていた。その横に来て一緒に下手なドラゴンを描き出したのがケンだった。初めてそこで会って、そのまま泥棒市へ繰り出した。彼女はもう戻ってきていて仲良く話し、三人で行った。ケンと一緒に歩くと口々にみんな「どこ行ってたんや」「今日ええのあるで」「これおまえが前欲しがってたやつや」とケンに声をかけるので、ヒーローみたいに映った。ケンはそのまま二言三言ずつみんなと話して素通って、商店街の中の椅子に座るおじいに声をかけて、鍵を開けてもらった。

その中に入るとヤミ競艇をやってて、僕は1-1-1と賭けて外れて、無料のおにぎりを食べた。ケンは1-3-9と賭けて外れて、僕が寝そうになったので出た。「眠たいんやったらサイケデリック動物園があるから」と言って、ふれあいクリニックの待合室へ行った。吹き抜けの、HEP FIVEのクジラみたいに吊ってある鳥とか、ソファの横にあるでかいキリンなどが彩色怪しくあって、心底驚いて声が出た。そこにケンは堂々と座ろうとするので、僕は「診察してないし保険証も持っていない」と言うと、ケンは「みんな病気やし、みんな病気じゃないから大丈夫」と言って座った。僕もその横に座ってしばらく寝た。起きたら腹が減っていて、「じゃあかんむりやへ行こう」とケンは歩いた。彼女と一緒にいたくないようだったので、彼女には先に帰ってもらった。「こないだスミオくんは泥酔して、奥の座敷で立ちションをしたから出禁や」とケンは嬉しそうに言って、二階の窓に向かって大声を出した。「ホッピーくん、ここに住んでるから、ちょっとだけやったら持ってるか分からん、俺訊くわ先呑んでて」と言うので、僕は入って焼きそばとビールを頼んだ。ニラを、肉を、まな板を使わず切るモミさんはブルースマンだと聞いていたので、今日こそは絶対歌ってくださいと言おうと思いながら一挙一動を見る。二杯目のビールを頼んだくらいで横に座る小汚ない親父が、モミさん、モミさんの出番は二十分、また絶対俺をいかしてくれお願いしますね、と叫んだ。ケンはもうその親父を知っていたみたいで、「こいつも音楽やってるんですよ、こいつたぶんいいですよ」とその小汚ない親父に言うのだった。

あ、そうなの？　じゃあこれね、これ、また今年もやりますんでじゃあ、十五分ですかね、十五分何か演ってくださいね、と言って釜ヶ崎三角公園夏祭りのフライヤーを渡してくれた。急に出番が決まった。モミさんやトランスのＤＪやブランキーも出演が決まっている、三角公園で催される夏祭りの異端みたいなやつだった。「シンゴ西成は出えへんの？」とケンに訊くと、ケンは「あの人はアイドルやから」と言った。彼女は僕たちの帰りが遅いので不機嫌に留守電を吹き込んでいて、僕はそれを聞きながら半分覚えるみたいに帰った。

当日はものすごく暑かった。

普段クラブで一緒に遊んでいる人もブランキー目当てに来てくれていて、ブランキーが体調を崩して出れなくなった旨を伝えると少し悲しそうな目になって、じゃあ呑もうとなった。カスカスの音が鳴るスピーカーでカスカスにトランスが流れていて不思議だった。僕は一番最初の出番だったので、着いてすぐ用意をした。二日酔いだった。あっという間に出番が来て、僕はＭＰＣで最近作っているノイズをゆっくり流し始めた。普段一緒に遊んでいる人たちを見て、テクノ調のリズムも入れよう、もう少しノイズを大きくして、それからドンと入れてワーキャーにしよう、と考えながらパットをもうひとつ押した。ところで上半身裸の、坊主のおじいが、「なんでこんな昼間っからこんなうるさい音楽聴かなあかんのんじゃ！」と言ってワンカップの瓶を投げつけてきた。もともと細い血しか流れないような心臓の気持ちでステージに立っていたから、その心臓はぎゅっとなってしまった。マイクもあったけど、そのままＭＰＣだけを見て、少し触ってリズムも入れずに、それで終わった。「ありがとうございました」と言って降りようとすると、さっきのおじいは「何がありがとうや！　こっちは何にもありがたないわ！　男やったらショーケン歌えや！」と言ってタバコを投げつけた。それは当たらなかったけど、当たって引火したいような気持ちだった。

これ今なにが、なんやねんほんま、僕が全然全部悪いけどなんやねんこれなんでこんなことなってんの。やってもうた、やってもうたやってもうたやってもうた。そらおもろないやろけど、それはだって僕がおもろいと思ってやれてないもの、気持ちはずっとくしゃくしゃなままやもの。全然知らん人のおもろいと思うことなんか知れる訳ないやんか、そんなんは全然無理なことやんか。おもろいと思てくれたらラッキーやって今日はラッキーちゃうかった、そもそも僕は何がやりたかったの、みんな僕よりかしこやし、なんにもないてもうばれてんちゃうの。顔も生きる姿勢もまるまる他者への普段の頼りが全面に出てもてるやんか恥ずかしい、みんなはいつワーキャーしてたっけ。あれはいつの、誰の時やっけ、思い出されんけど楽しかった、もっと覚えとけば良かった、物真似でけへんくらいの酔いやったんや、酔ったまま、そんな暮らしでええのができんのとかは天才のみや、なんやねんなんでやねんおじいほったタバコチンチンのエコーやんけ、もっと吸えるんほれや、もっといろいろ吸って、もっといろいろ注射してほんで、ほんでちょっと、なんにも考えんくてええとこ、そのええとこ行ったままでちょっとこのまま無くなりたいわ。

などを僕はぐるぐる思って捨て鉢になっていた。ビールをがばがば呑んでタバコを吸って空き缶に入れて、みんなともほとんど話さずに空き缶はもう五本くらい僕の目の前に溜まっていた。

甲高い湿った声で、「もうこれ呑めへんの、要らんねやったらもらうで」と言って歯のないおかあが声をかけてくれた。「あんたさっき出てた子ちゃうの、大変やったなあ、でもあれはおばちゃんにも分かれへんかったわ」と言って空き缶をゴミ袋へ潰して入れた。「これはまだちょっとあるから僕呑むわ」と言って缶をつかむと、おかあは横に座って、「あんたでも今日夏祭り初めてやろ、あんたまだ若いねんからまだまだこれからや、初めてやったらしゃあないあれくらいようあることや、また次頑張ったらええ頑張りや」と言うので感動してしまいそうになって一息で空にした。すかさずその空き缶をおかあは掴むと「ありがとう」と言ってサッと去った。僕は二段階でがっくり来てしまったし、どう帰ったかも覚えていないし、それから夏祭りにも一回も出ていないし、その日ケンは来てなかった。ワンカップのおじいは次のビッグバンドの音頭でエイサーとなって本当に楽しそうに、陰部も放り出して踊っていて眩しかった。

全部の話にドラッグが出てきてしまっているので悲しい。嫌な気持ち。最近読んだ湯浅学の『あなのかなたに』はレコードとエロのちりばめが美しくて感動したけれど、ドラッグはどうしてもそういうものではないので微妙な気持ちになる。レコードとドラッグだったらやはり前者の方が遥かに良い。身になるものと身に詰めるものというか、それがまったくないしそれに今やってしまうと全部が無くなってしまう。あの人はオーバードーズで死んだ、ということに憧れていた時は、他人の求めている音楽を演っているつもりになっていた時だった。この先僕がどうなっても、やはりあの人はドラッグをやっていた、いるから、ということになってしまうと思う。てゆうか人の死が、エアコンのフィルターを換えることとか、バイトの時間とか、ちょっと眠たいとかの後回しになることはたくさんあるし、猫が産まれたり引っ掻かれたりの嬉しみや痛みがそれを余裕で上回る時に立ち会うと、つくづく人間は勝手だと思ってしまう。悲しい気持ちは伝わりやすいからせめて口には出さないようにだけでもしたいと思う。

ゴクサイくんとかピル兄が来阪したのは、ロケッツで開催されるスミオくん主催の、三日間ぶっ続けのパーティーに来るためだったと思う。一日目は空族《くぞく》の『雲の上』が爆音上映された。当時中毒の真っ只中にいた僕には身に詰まされる映画だった。でもこれは映画だしと言い聞かせていたし、全然大丈夫と言ったりしていた。

二日目は富山から来た殺助《ころすけ》くんとか、LRマイククんとか、ショーケースやDJタイムが満タンだった。ケンはこのすぐ前に、百人のDJが一枚のレコードをかけて、ちょうど百曲を流すという湊町リバープレイスで開催されたイベントに乱入して、「酒と泪《なみだ》と男と女」の次にトランスのCDをかけてドロップキックされ、それが原因で足を引きずっていた。その日はしきりに「世の中金や」と満面の笑みで言い、その後で「日本には俺の足の爪を剥がすまで踊らせてくれるDJがいない」と繰り返しているので、少し不穏な気持ちだった。

みんな思い思いの場所を往復して入れ替わっていて、僕たちも自宅に行ったりロケッツに戻ったりして楽しかった。途中少しはぐれるまで、彼女は踊ったり、ブランキーと宇都宮餃子の話をしたりしていて上機嫌だった。僕は少しひとりになったから、泥棒市で赤玉を買って帰ってきてた。いつもの韓国人のおばちゃんから買った時、間違えて「ただいま」と言ってしまったけど訂正しなかった。戻ると彼女は豹変していて、どこに、何時に、誰と行っていたかを執拗に訊くのでそれを丁寧に説明する。いつもの、あのおばちゃんとこに、赤玉買いに、ひとりで、行ってただけ、絶対最後に要るようになるやろうから、と言っても、絶対違う、同じ時間にいなくなっていたあの娘と一緒にいたはずや、何してた、同じ方向に行ったのを私は見た、なんでやひとりでそんなん行くわけあれへんやんかあんた嘘つきやのに、と言うので、嘘ちゃうほんまや全部ほんまのことや、ほらここ一シート、途中で僕ちょっと食べたから一個減ってるけどこれほら、途中で中村さんにも会ったから今度会ったとき訊いてみいやほんまやから、とムキになって言ってしまった。嘘だった。彼女が疑っているのは彼女自身の親友だった人でうんざりで、その疑いは数か月前から続いているのでそれにもうんざりだった。彼女本人にも、その疑いが嘘だという証明をするため電話したりし、またまったく違う僕の友達カップルにも同じことをしてた。

贖罪の気持ちでいつも買う「大迷惑」が収録されたユニコーンのＣＤは三枚になってて、そんなことは意味がないけど彼女の豹変を元に戻すのはドラッグしかないと思い込んでいた。

「じゃあ一回帰るか」と訊くとこんなんで帰れるか、あれが帰って来てないやんか、あれが帰って来たらちゃんとふたりで謝ってもらんと気すまん、というのでどうしようもない。行かんねんな、ほなどうしようもないで、楽屋があるやんか、楽屋は真っ暗や注射できへん、誰かに照らしてもうたらええやんか、誰にやのそんなんあかん頼まれへん、と言いながらなだれ込んだ楽屋《そこ》には殺助くんがいた。

殺助くんは怒ってるように座っていて、僕に最近元気なのかと訊いてきた。ご飯は、音楽は演ってるか、さっきステージから呼んだけど、全然来ない大丈夫なんか、と言って僕の前を動かない。僕はそわそわしていたと思うけど、なんでか殺助くんと話すのを切り上げられなかった。スミオくんが僕たちの座っているソファを蹴りあげて入ってきた。フネくんも横にいた。なあほんまに大丈夫なんか、というみんなの目を誤魔化す方法はないかと思った。フネくんが座っている場所は、ずっと前にＥＣＤがライブした時に控えて座っていたソファだった。なあほんまに大丈夫なんか、という殺助くんに、やっと、僕も頑張ります、とだけ言った。ぞっとした。その日起こった全部が戒めみたいに思ってしまった。殺して助けるそのままを、殺助くんはやってくれているのじゃないかと思って、その親切さが受け入れられなかった。

フロアに戻るとケンが珍しく踊っていて僕もしばらく目を瞑って踊った。肩を叩かれて、目の前にビールを差し出してくれてた友達の、スミオくんに媚びるような踊りを見てしまってもう一度目を瞑った。声が上がって、僕も声を上げて目を開けた。一面はジャングルになっていた。さっき飲んだパンチだと思ったけど、信じられないくらい綺麗だった。ビールを買いに行ったけど、バーカンまでたどり着くのはかなり時間がかかった。戻ってビールを差し出したり、差し出されたりしているうちに、みんなの洋服は木の葉や蔦だということに気づいた。妖精がビールを差し出して、そして踊っている。DJブースは、さっき固い石の城ができあがっていたけど、今は大木の麓。フネくんも、ケンも見たことないくらい踊っていて、安心して目をもう一回瞑った。音楽がコマ送りになるようなレコードが流れて、フロア全体が発光した。雨が降っていないだけのスコールみたいだった。フネくんに「僕幸せ、今ここだけは幸せです」と笑いながらやっと言うと、フネくんは僕の左肩を強く掴んで、何も言わずに二、三回揺すってくれた。

ロケッツのデコレーションが、三日目の朝にスミオくんの車に畳まれていって、発光は工事用発光チューブを白く加工したものが光っていたため、と分かった。スミオくんは途中歩道のガイドフェンスに掴まって気絶しただけで、全然寝ていないと聞いた。それでも僕やみんなを連れて、じゃあホルモンの方のマルフクに行って朝御飯にしようと移動した。関東から来たというトランスのDJの身体の周りには、汗が散ってまだ発光しているみたいだった。僕は三日間の途中でスミオくんが言ってくれて、もしもの時は来なかったけどMPCを持って行ってた。おでん屋でマミーさんが、ちくわぶとちくわの違いをとっぷり説明してから、わたしはだからちくわぶ派、つまりちくわ部ですねと言ってひゃひゃひゃと笑った。スミオくんは破壊と再生みたいなことを僕に言ってから、切れ目のマリヲ、つまりキレメリヲだねと言ってコーヒーショップ伊吹で濃いコーヒーをおごってくれた。

三角の頂点の方の席の窓から、カトくんが通りすぎるのが見えた。カトくんはカトくんから電話をくれて、一度買ったことのある人だった。だから安かったけど、危ないと思ってそこからは連絡をしていない。電話番号を登録していないので今はもう履歴にも残ってない。ちょっとそれはもう無理、だから慌ててうるさく席を立って、カトくんを追いかけた。ここは僕には太刀打ちできないと一瞬思ってしまったからだった。カトくんは僕を見て少し笑って、「あかんで自分、もうちょい早よ連絡くれる思たわ」と言った。僕は笑って「あんまりやり過ぎたらあかんですからね」と言った。カトくんはフードを脱いで一息ついて、「あんな、自分こんなええもんな、やり過ぎるとかあれへんねで。俺知ってる人な、子ども十五歳なったら一人前やゆうて腕出さした人知ってるわ。まあ健康やで本人も子どもも、やり方ひとつ賢なったらええだけや。そんだけのもんや、悪いもん思たら最中もあかんようなるそういうこっちゃ。ほんでどや今日いくんか、いくんやったらうち来るかこっちゃ」と言うので、僕はちょっと振り返って、振りかぶって、「いきます」と言った。

MPCの入ったリュックをマルフクからコーヒーショップ伊吹の間の道端に置いたままにしていることを思い出したけど、どうでも良くなった。むしろ絶対その方がいいと思って、せめて高くで売ってくれ、それでほんまに欲しい人が買ってくれ、と思った。

どうでも良くなって歩いていると、冷蔵庫の基盤を叩いて銅と金を取っているおじいがでかい鼻唄を歌っているのが聴こえてきた。近づくにつれて鼻唄でなく、歯がなくて不明瞭だからと分かった。豆が欲しいかそらやるぞ、のところだけはっきり聴こえてきて気持ちが土砂になった。

肉食べる？

西成の岸里、土壁のアパートから九条のこのアパートにはちょっと出世みたいにして引っ越してきた。家賃はそんなに変わらないけど、むちゃくちゃ広い。和室が二間、暖炉みたいな壁もあって、縁側風の本棚も家にくっついている。エアコンがつくまで本棚の下の隙間窓から吹き込んでくる風で夏を過ごせるんじゃないかと思っていたけど、酷暑だったからすぐローンでエアコンを買った。その頃はローンも組めたし消費者金融からお金も借りれた。

イマさんは仕事帰り、僕の家に寄って冷蔵庫の中のマリファナをひょっと取ってきて、さっと巻くのが上手かった。YouTubeで音楽を流したりして、何もしなかった。そのとき話していたこととかは、たぶん、なんでもないこと、話さなくてもいいようなひらひらのことだった。そんな会話が当時はすごく多かったと思う。ずっと後でスギオくんが電話で、一緒に音作りをしようと誘ってくれた時も僕はその部屋にいて、たぶん四人くらいがひらひらの会話をうるさくしていた。僕はそれどころじゃないと思ってしまっていた。ひらひらの会話にも顔があったし、熱があって夢中で、その時の全部で抜き差しならなかった。通常な世界が自分の周りにあると思っていたけれど、それは狭くて、少しでも違う世界では通用しないとは思いもつかなかった。奥歯を噛んで次に言う言葉を探していたけれど、それは今では全然要らないものだと思う。空虚というか、そのずっと以前の軽さ。

九条の家は鍵をかけることをしなかった。誰でも来てもいいと思っていて、たぶん、そういう立ち振舞いが格好いいと思っていた。だからたくさん人が来てくれた。家の近くの九条おうどんの周年パーティーの時は、椅子を改造して作った金魚鉢と金魚がいきなり来た。みんなも僕も拍手喝采しておめでとうと言って、それからまた乾杯したりした。ベランダではギタリストがブルースのようなギターを弾いて、それに合わせて誰かが歌ったりなどして、それで泣く人もいたりして、ベランダはちょうどアメリカ村からまっすぐ九条に抜ける道沿いだったから、帰る途中のその友達とかとも独特のうるさい挨拶をして、星とか月とかそういう感動するものが出ていて、いっこ僕はピークだ、と思ったりしていた。ほら間違ってない、こんなに素晴らしい瞬間があるやんか、人それぞれが持ってるうねりが弾ける瞬間があってここで、それは誰のものでもないから貴重だ、みたいなこと、だから鍵なんか要らないですよね、みんな結局いい人なんですから、というようなことを言うと、あんまりスピってたら危ないよね、みたいなことを言われてはっとした。誰かは全然覚えてないし、その日かどうかも、言われたのかどうかも定かじゃない。ものがどんどん増えていく家で、金魚もかわいそうにすぐ死んだ。その日、金魚が持ってきた物語が無くなったから死んだみたいだった。そんなものがとてもたくさんあった。

ドラッグの種類で人付き合いも顔つきも変わるのは本当のことで、持っているものも一緒に荒んでいった。金魚を水槽に移し変えて、全然食べへんねん、と言って泣きながら餌をあげている彼女を見た時にそう思った。エキセントリックなのはそのままだけれど、日々攻撃的になっていることは、鍵をかけない僕のその方針にあると思っていたから、全然理解できなかった。金魚は絶対死ぬよ、もしくはあなた当初猿を飼いたいと言っていたけど、猿もたぶん僕たちより早く死ぬよ、『けものがれ、俺らの猿と』のリスザルは本当に可愛かったけどまず高いし買えない、金魚は金魚で一生懸命生きた、餌はもう必要ないだけちゃうんかなあ、と慌てて言うと、金魚、と彼女は鼻をすすって、金魚、餌食べへんなったらやっぱり死ぬんかなあ、おうどんに居てる時はむっちゃ可愛かってんで、餌あげるでーてとんとんしたらこっち向くねん、今もむっちゃ可愛いけどやっぱり元気ないなあ、生きもん死ぬん私むっちゃいややや、はーなんで元気ないんやろ、水あったかすぎるんちゃうかな、カルキも抜いたしなんで？　ほんまなんでなん？　なんでこんなんなんねやろ、なんでこんなんなんねやろうなあ、てゆうかあんたな、あんた前のうちの家の前に鳩死んでる時あったやんか、あんたそれ公園に埋葬したやろ、手もきったなくなってな、それでええことした思てんの？　生きもん死ぬんほんまは何にも思てないんやろ、ほな死んでる猫やら犬やらも全部埋葬して回るんか、せえへんやろ、もっと言うとあんた肉全然食べへんけど思想なん？　鳩埋葬すんねやったら肉食べえや、金魚も猿も豚も牛も死ぬんやったら食べえやこの偽善者、肉食べえよ肉肉肉！　このめんばああア！　となって沸騰しそうになったので、じゃあちょっと良い餌でも買いに行ってみよか、と言って家を出た。

家を出る時、彼女は着衣した後これどう思う？　といつも訊くので、似合ってるよ、と言うのが日課だった。最近は全然訊かなくなってる、今日も昨日と同じジャケットでスーパー玉出に、餌ないなあ、金魚何食べんねやろ、チンゲン菜と卵も買っとくで、もしかしたらチンゲン菜食べるかも分からんから、ほんでアイスも買っとくで、アイスしか食べられへん時あるし、アイスくらいは食べとかんとあかん、まあでも別にええか、こないだゴクサイくんとピル兄来てくれた時は楽しかったな、あの時みたいにオニギリいっぱい買っとってもええか、どうせ作んのめんどくさなるしなあ、とペラペラ、時間を埋めるどうでもいいことを喋っていると彼女がそっと陰に隠れた。

どうしたん？　と訊くと、ジュウくんがおる、見られたくない、と言うのですぐ帰った。

家に帰っても彼女はジュウくんの声するなあ、と言うので、全然食べてないけどこれ見てふりかけ、ふりかけやったら食べたで、と嘘をついた。それから明日僕仕事やわ、そやから帰って来たとき用に置いといてな、と言って、彼女は自分が壊した二台のノートパソコンを触りながらコクリと頷いた。

ケンと一緒に買いに行こうか、と言って家を出たのが昼前。今はもう夕方、ケンは寄り道が天才的に上手いのでこちらも楽しくなってしまっていて、彼女からの電話に気付いたのが今だった。ケンに、電話がかかっていることを伝えるとケンはまだ大丈夫やろ、と言って日本橋の道沿いに置いてある洋服の廃棄ワゴンに手を付けた。これどや、これは、これは一回持って帰って洗濯して、といつもと同じ感じ、電話は鳴り続けていて、一回出るわ、と言って出た。彼女はいつにも増して大きな声で、いつ帰るの？　今どこ？　と言っていて、もうすぐ、もう帰っている、といつもと同じように言う。ちょっとうんざりしながらもう帰るから、とケンに言うと、俺も一緒に帰るからちょっと待って、と言って結局帰ったのは夜だった。鳴り続ける携帯電話の電源はけっこう前に切ったままだった。

いつもはそんなことないのに、家の手前で彼女に電話をすると出なかった。電話をしながら玄関を開けようとしたら鍵が閉まっていて、電気も点いていない。ちょっと背筋がぞっとした。今はまだ階下のたこ焼き屋が営業しているから、ゴクサイくんみたいに電信柱を登って窓からは入れない。どうしようか、ケンはどうしようか、僕電話しとくから、ちょっといつもの、金麦とほろよい白いサワーを買ってきてほしい、と言ってお金を渡した。たこ焼き屋のマスターに彼女見てないですよね？　と訊いたら顔をしかめて、見てへんね、と僕に言って、いらっしゃいませーと僕じゃない方向を向いて元気に言った。

いよいよやばいかもしれない。彼女は少し前に過呼吸で倒れたことがあるし、三日帰ってこなかったこともある。どちらにしてもやばい。ケンは大荷物で帰ってきて、スジ肉を煮込もうや、と言ってでかいパックをパーカーの中から出してきた。いや、鍵開いてないからやばいわ、やばいかも、と言っていると玄関の階段から凄い音がした。玄関を入るとすぐに階段で、階段を上がるとすぐに部屋の間取りだった。その玄関のドアに人が転げ落ちて来る音がしたので、たこ焼き屋のマスターもケンも僕も一斉に大丈夫か、ここを開けろ、と叫んだ。それからかなりの時間が経ってから鍵が開いて、ああ良かった、生きてて良かった、大丈夫か、マスターすみません、お騒がせしました、を終えて、部屋に戻っていつもに戻る時、彼女の首にはギターのシールドが巻かれていた。そういうことか、それはでも難しかったんちゃう？　と訊いて、彼女は何も答えなかった。ケンはお湯を沸かしていて、彼女はそれをじっと見ているだけだった。

街角で、よっとかおっとか言って話し始める人たちを羨ましいと思う。その後の、話がつまらないとか長いとか面倒な人かもしれないとかの想像は、今はできるようになったので単純にいいなあとは思わないけれど、そういうシーンを見るとおっとなる。友達が多い人に憧れを持つようになったのは、プッシャーでラッパーのYくんの家に行った時、すごく軽妙に電話の応対をしていて、それがスマートで格好良かったからだと思う。その電話の向こうを全然想像できていなかったことは、今も少し恥ずかしい。

フネくんと一緒にスーパー玉出に行って、フネくんは僕たちにぴったりの肉があるから見てみよう、と言って嬉しそうだった。これがそれ、と言ったパックはしゃぶしゃぶ用の薄切り肉で、「しゃぶ用」と書かれてあった。笑って、こんなんいいの？　やっぱり玉出は多いから？　やばいよね、昨日見つけてん、やっぱりこの辺は多いからかな、ちょっと話変わるけど、九条の商店街の中の、松屋の牛丼食べたことある？　あそこ絶対味違うねん、たぶん朝番のおばあちゃんが味付けしてくれてるから違う、僕はいつも月の初めはパラダイスに行ってから大盛り食べる、味美味しいから全然食べれるで、ほんまですか、僕も行ってみよう、でフネくん、パラダイスって何？　と訊いたら、それはまた言うわ、それにもうちょっとしたら分かるんちゃう？　と言って笑った。フネくんはそれから八十八円のアイスを買って、いつも飲んでる安定剤をたくさん飲んで、僕の家でギターを弾いて、すぐに帰った。彼女がずっと、このDJミキサーは私のもの、誰が買ったとかはこの際関係ない、と言って寝転び、身体の回りにあるありとあらゆるものを投げては音をたてているからに違いないと思った。フネくんは音に敏感だし、僕はそれを見てモノが多すぎるのも良くないと思っていた。

パラダイスとは試写室のことだとずっと後で分かったし、その時はまだまだ平和なんだと思った。フネくんは松島新地に住んでいて、出勤している女性は仕事を装って自分を見張っていると思い込むようになってしまった。それも人から聞いた。

前に書いたけど、スミオくんはデコレーションを生業にしているので、彼の運転している側面ウッドパネルの車からその日の全部が出てきて飾りつく度、僕はこの人は魔法が使える人なんだと思っていた。

ごみのペットボトルで、フロアに天と地を繋ぐドラゴンみたいな水道が現れたり、布を引っ張りあっているうちに迷路が立ち現れたり、ＤＪブースで赤子が産まれたように思った時も、フネくんとワンがフロアで発光した夜も、スミオくんの仕事だった。スミオくんの手伝いの、主力メンバーがケンだった。スミオくんはいつもポシェットで、ポシェットからタイガーバームみたいな柄の粉を出して鼻から吸ったり、鴨川に座って冷凍の枝豆を食べたり、モンゴル土産の酒を呑ませてくれたり、徒歩でしか行けない担々麺屋、中華鍋でおでんを炊く店を教えてくれたり、重曹と和風だしと醤油だけでうまい湯豆腐を作るので、スミオくんは最高だった。

絶望したり喜んだり、それは忙しくも何ともないというか、それでこそでしょう！　という姿勢を教えてくれたのもスミオくんだった。ケンと一緒に最初に家に来てくれた時は、映像をやっているアロくんと一緒で、アロくんとは両手の間に蜜柑《みかん》を浮かそう、その映像を撮ろうと熱くなった。脱法ハーブのフラワーオブライフというやつをみんなで吸って、その熱が冷めた。それで僕は寝て、彼女は最初から最後まで起きていたけど吸わなかった。

次にスミオくんが来た時は、たくさんの人がいた。たぶん八人くらい。そのときは売人か、ケンか、新しい知り合いというか、そのもの目当ての目付きの悪い人しか家には来なくなってしまっていて、昔この家に来ていた人たちはめっきり見なくなっていたので新鮮だった。

みんな思い思いのものを持参して、楽しんでいた。酒もたくさんあったし、タバコもたくさんあった。食べ物だけは全然なかった。突然ケンが美空ひばりの「川の流れのように」のレコードを爆音でかけた。そらこれはみんなにも聴いてもらわなあかんやろに、テクノやトランスや言《ゆ》うて街の人に訳の分からん音楽ばっかり聴いててもしゃあないやろに、美空ひばりでも聴いてもらえや、普段うっさいやろにー！　と叫びながらだった。

それに僕は感動してしまって、僕はさらにボリュームを上げて、次にブルースビンボーズをかけようとしてた。「川の流れのように」のその歌詞の、晴れる日が来るから、の途中で彼女がぶちん、と切れた。日本語の、歌詞が、無理やって、言ってるやろー！　とわんわんしてた。それはあなたのことを歌ってるんじゃないで、歌やからみんなに理解あるように作ってるんやと思うで、その歌詞の逆も正面もあると思うで、と普段は言うけど、その日は本当にどうでも良い気持ちになった。歌は歌やし、どう取るのも勝手で、それでどうなっても歌もそれを流している人も何も関係がないのではないかと思った。ヤバいヤバいってつまり何やねん、何をもってヤバいとしてるねん、てゆうかそもそも何がヤバいねん、何がヤバいのかを言葉ではっきり教えろや！　という気持ちになって、そのままを言ってしまっていた。

電話が鳴っていた。

たぶんすぐそこにマリファナを取りに来ている友達からだった。彼は股間にガムテープで隠して帰るから、安心の人だった、安心の人は、安心でない状況の中では優先順位が低くなってしまう。だからもう少し待ってて、これが落ち着いたらすぐに電話をかけ直すから、と自分の中だけで言って、美空ひばりをとりあえず止めて、止める時に針をわざと引っ掻いて、ラベルのところでもう一回廻してうるさい音を出して、何がヤバいかはっきり言葉で教えろや、ヤバいのいろいろの意味をはっきり説明してくれよ、ヤバいをとりあえず教えてくださいよじゃあお願いやから、と言って振り向いたら、そこにはスミオくんしかいなかった。他のみんなはいなくなっていた。

スミオくんは「肉食べる？」と言って、玉出で買ったパックから生でそのまま食べていた。えっと、ちょっと、ちょっとだけ待っててください、と言って、安心の人にマリファナを渡してから戻って、その間にさっきいた人たちはどこに行ったのかをちょっと探して、戻ったらスミオくんはベランダで引き続き生肉を食べてて、美味しいよ、と言って僕にもくれた。

僕はちょっと食べれないです、と言って一片を持ったままで、スミオくんは「そうなの？　牛肉は大丈夫なんだけどね」と言ってピーマンも生で食べた。

この間ピーマンは丸焼きで網で焼いたら美味しいことを教えてくれたのに、今はどっちも焼かないんですね、と言って僕は笑った。

「この間、俺、嫁と喧嘩して、嫁轢き殺そうとしたら、嫁が足速くて、無理だった。狂ったみたいに逃げてたよ、ライトの照らすその逃げは人間の根源の踊りみたいに見えて、俺はまだ怒っていたけどその日は許せたなあ。そういうもんだよね、ほら肉」

と言って生肉をくれるので、僕は苦行みたいな気持ちになってそれを食べた。本当に牛肉は大丈夫だった。ベランダから部屋に戻ったら小さいアンプからシールドの音が鳴って、一回大きい音にしてからそれを消して、スミオくんに僕は、許せるとかじゃないと思います、と言ったらスミオくんは鴨居に手を伸ばして、そこに捨ててある注射器を持って転がしてから、ぼそっと、

「もう無理なんじゃないの?」

と言った。

どういうことかは分からなかった。この家にジャンキーが何人も出入りしていること。下のたこ焼き屋のマスターは、友達におまけしてくれていた唐揚げを、最近はひとつもし

ないこと。先々月から家賃を払えていないこと。この間ライブに四時間も遅れて行ってしまったこと。その道中で急ぎすぎて、追い付けない彼女がまた過呼吸になったこと。それを演技だと思ってしまったこと。フネくんの家に月の初めだけ来る友達がいること。カオスパッドとか、高い機材からどんどん無くなっていっていること。最近部屋にまで文字通り土足で上がってくる人がいること。タキさんが僕の家に来てくれたのに、ラップの話じゃなくてドラッグの話ばかりしてしまったこと。十日間泊まった人が彼女と浮気してて、そいつに刺せよと言われたこと。そいつがよりによってその日ラモーンズのTシャツを着ていたこと。ケンが、俺は気合いで人を殴ることができる、ほらこうやってや、と言ってそのまま白目を剥いて倒れてしまったこと。家の前の歩道橋を、彼女が日がな一日見ていて、そこに決まった時間決まったスーツが通ると教えてくれること。

　全部が無理と言えば無理だけれど、それらは目の前の全部で全発光になるから分からなかった。噂の、ヨンパチ呑みに行きたいです、スミオくんがやってるヨンパチ呑みに僕は今度行きたいです、と言ってスミオくんの転がした注射器を見て、そこに何も残っていないのを確認した。自然な感じで、その周りにも注射器が数本転がっていて、その中にも何も残っていないのを確認してしまった。カーペットの上に光るものがあって、それを慌てて拾うと、それは米粒だった。指で固さを確認しても分からないから少しの水に入れた。溶けなくてはじめてそれが米粒だと分かった。

茶碗を裏返してあるその水を一応舐めてから、えっと、ちょっともう無理かも分かんないですね、と笑いながら言った。スミオくんは「うん」と言って、久しぶりのタバコを吸っていた。「家は、家はどうすんの」と言うので、このままいってももう家賃払えないですからね、どうしましょうかね、と言ったら、「まあお互い出たら良いんじゃないの。すっきり、さっとね。そういうもんでしょう」と言った。

肉のパックはもう無くて、スミオくんが食べたんだと思っていたら冷蔵庫の中に入っていて、それを戻ってきた彼女とケンと一緒に焼いて食べた。

もう無理かもしれないと思っていることは食事中は言えなかった。塩コショウだけでも飛び上がるほど美味しかった。二日ぶりの食事、何年ぶりか分からない焼き肉用牛肉だった。何にかは分からなかったけど、良かったな、良かったなあ、と言いながら食べた。埃と落書きで汚い机の上だった。

それから、異常なくらい暑い夏が来た。

もう別々に住もうと話は決まっていたけれど、僕は僕で住むところは決まっていないし、彼女は実家、手配した引っ越し業者も呆れるくらい片付いていなくて、結局彼女の荷物は着払いで送ることになった。僕に至っては引っ越し業者のスタッフと彼女が顔馴染みなんじゃないかと思って戦々恐々としていた。家はもう彼女の荷物の他はガラスの破片と、緑色のスプレーペンキで「死ね」と描かれた襖、テレビデオ、板とかブロックや布しかなかった。洋服もリュックに入るくらいしかなくなっていた。全部リサイクルショップに売ってしまっていた。

さあ集荷に来てくれる、というところでケンが来て僕を殴った。理由は、最後の見送りの時おまえはどこにいたんやということだった。これから見送りをするところだけど、と言うとケンはごめんと言った。彼女は、ケンの元彼女だった。

ケンと暑くて、荷物の段ボールの上でシャーベットみたいなのと金麦を呑んだ。彼女は上の部屋で寝ていた。荷物が引き取られて、それからもうこの家を引き払うから、と言って彼女を呼んだ。偶然にもその日は彼女の誕生日だったから、友達のステッカーと、汚い自分で作ったステッカーを渡して、じゃあ、さよならです、と言った。彼女はそれをキャリーケースの中に入れて、学校の時の同級生のスミモトさんみたく、僕を睨んで帰っていった。

どこに、どこに帰る、帰る？

夕日が奇跡みたいに綺麗だった、暑くて臭い部屋には何の想い出もなくて、ここからどうしようか、ということだけを考えていた。それからコンビニに入って、旨そうな弁当を見てた――。

という、そのことを二回目の拘置所で思い出していた。

それは手紙で、フネくんが僕の誕生日の前日に首を吊って死んだことを知った時だった。

僕は拘置所で伝染った毛ジラミの治療のために全部の毛を剃ったところで、その股間を見ながら、バレないようにずっと泣いていた。ちょうど十八時になると窓から見えるマンションの共用の灯りがつく。その瞬間だけは毎日見ることを忘れないように、股間と窓とを交互に見ながら、フネくんごめん、と思って泣いていた。

マリヲくんまた

Instagram のストーリーに、F××K FOREVER と書かれてあって僕のことかと思った。完全に自意識過剰で嫌になるけれど、FUCKというのはどちらとも受け取れる言葉なので嬉しいという気持ちに置き換えて一旦仕舞った。三回目に東京へ行った時のことを思った。

最初にウィキくんの家に着いた時に会ったハナレくんは、交通事故で退院した直後で全身に鬱を纏《まと》っている感じだった。フローリングの床をバウンバウンと叩いて、ウィキくんがかけている音楽にしっかり呼応して事故のことを話してくれ、目が凄かった。

一回目に東京に行った時はチューリッヒ保険会社のコールセンターで働いていて、同僚で友達のフウガくんに「藝祭があるから」と同乗させてもらってだった。渋谷のライブハウスで店長さんが、「渋谷はお互いがお互いに疲れあってるからねー」と言っていたのをずっと覚えていた。

二回目に行った時は、彼女の顔馴染みの人たちと遊んだ。彼女は「その前の上京で、クレジットカードの番号を盗まれて買い物をされそうになった」と言ってたけど、今となっては本当かどうか分からない。けど、僕はおそろしい街なんだと思って緊張していた。彼女はそれ以上に、僕の浮浪者じみた服装が嫌だったらしい。水がなくてコンビニのトイレの便器の水で注射した、本当に雑菌がいっぱいなんだと認識したその、太く腫れあがってしまった腕を抱えながら、彼女とそういった話をした。

三回目は僕も顔馴染みになったウィキくんに、ライブで呼んでもらって行った。西成でリュックごと置きっぱなしにした、あのＭＰＣを持ってだった。

サンガくんとはそこで会った。サンガくんは長いドレッドで、溶岩みたいなその頭をゆっくり動かしながら、濡らさないよう温泉で黙って揺れているのが印象的だった。

ウィキくん家で、ほれいいちこ、ほれ僕は生ハム、ほれ僕は今晩のお好み焼きの材料、と言ってサンガくんも僕もそれぞれの上着から出すので、どれが買ったものでどれが万引きしたものかは分からなかった。今夜はお好み焼きを振る舞います！　と意気込んで、食器だけは丁寧に洗った。お邪魔している身分、それを忘れないようにと冷蔵庫だけは勝手に開けなかった。

明日は餃子、餃子です美味しいの、と言ってみんなに集合をかけた。明日はウィキくん主催のパーティーが渋谷ｍｏｄｕｌｅであるから、それが終わって明けた朝、ここに集合という軽いものだった。愛憎の中にみんないる感じだった。合流した関西のミュージシャンはロヒプノールを砕いて鼻から吸い、ねっとりしたセックスを横でしてた。彼女にもう寝る、と言うと財布を枕の下に敷いて寝なさいと言われた。ウィキくんは生まれ変わったら極楽鳥になりたいと言って、ＭＩＤＩフェーダーをかちゃかちゃパソコンのキーボードで操作してた。

ライブ当日は凄かった。

ライティングは朝ぐちゃぐちゃになっていて、落ちたLEDライトを手で操作し、テンサクくんの顔に当てたりして手製のサイケデリックをみんなで作った。インドから持ち帰ってきたロヒプノールを一錠丸々飲んでしまって、駐車場で尿を漏らして寝ている人が数人いた。富士そばでたんまり食べて、すぐ横の南口駅前ロータリーでたんまり吐いた。盛りそばがまた出来た。それをネパール出身という人が心配して来てくれて、彼女は警戒してシッシと言った、何日かの記憶が重なって、まるでひとつになっているみたいだ。

彼女から電話がかかってきた時、僕は打ち上げのサイゼリヤでウィキくんとカクくんと一緒だった。彼女は財布を僕の鞄に忘れていて、いま私はちょっと良い感じでみんなとドラえもんを描いているから保管しておいて欲しいとのことだった。ウィキくんが少し前にサイゼリヤの、マグナムワインに粉を入れてくれてて、僕たちも良い感じだった。ほなまた後で、と言って電話を切った。ライブみんな最高でしたね、と言ってわああ言っていると家族連れがたくさん来店してきて、なんだか居心地が悪くなったのを僕たちは酒でごまかした。机を動かして目いっぱい家族連れと離した。

ウィキくんはもう一回ワイン、カクくんはビール、僕は階下のローソンでTシャツをかごに見立てて、アサヒビールをそこに入れるだけ入れて持ち込んだ。気持ちが大きくなった僕たちはこのまま店を出てしまおう、と言ってそのまま出た。へろへろの僕たちはきちんと咎められて、ウィキくんと割り勘した。カクくんは咎められたショックからか、僕たち若者の気持ちをなんで大人は分かってくれないんですか、あなたですよあなた、あなたも大人の一員でしょう代弁してくださいよ、私は若者の代弁者となって言ってますよ、とにかくそっけなく冷たいんだあなたたち大人はあ、と言って号泣してた。

そこへ電話が、また彼女からかかってきた。ゴクサイくんとピル兄は職務質問の真っ最中だけれど、私は身分証明書がないから困っている、だからどこそこまで財布を持ってきて欲しいということだった。

号泣が止まらないカクくんを連れて、そこへ電車で行った。そこはえらいことになっていて、警察のバスが四台くらい、パーカーもそれと同じくらい、その中心にいる彼女とゴクサイくんに話しかけに行くと、「もう勘弁してくれ」とゴクサイくんはアメリカンスピリットの黄色を深く吸っていた。ゴクサイくんの髪の毛の中には松ぼっくりがなぜだか入り込んでいて、それを愛おしそうに触りながらだった。

ゴクサイくんは「友達がコンビニで万引きした上、店員に怪我をさせて逃げたらしい」と友達の名前を言った。その瞬間、警察のヘリコプターが頭上を飛んだ。僕もタバコを深く吸って、「これはたぶん長くなりますね」とゴクサイくんに言った。

彼女は、財布が戻ってきたが僕の身分が分からないという理由で拘束された。もちろん僕もそれについていく形で連行された。署では、全員の尿検査・持ち物検査が行われて、ＭＰＣはネジ止めも外されていた。僕と彼女の財布に入っていたダライラマはスルーだった。僕は「ダライラマだからねー」などと言って浮かれていた。友達からもらったお守りの中に入っていた粉が目立ってしまって、長くなった。粉は結局何でもなかった。神様は粉じゃなかった。

這う這うの体でウィキくん家にみんなで帰ると、みんないた。あっ餃子、餃子を作りましょうと言って、材料を当たると鶏ガラスープがなかった。ちょっと買いに行ってきます、チューリッヒ保険会社で作ったクレジットカードはもうすぐ限度額に到達する、でも東京にいるうちは大丈夫だと確信して思いきり使った。帰りのバスのチケットもそれで買った。ゴクサイくんの友達は「俺、もしかしたら指名手配になるかもなあ」と言っていた。その横顔はヘトヘトのみんなに紛れてはっきりしていなかった。

ハヤトくんは亡くなったタキさんと僕との義理の三兄弟、の長男役だった。

そのハヤトくんが店をやるとＳＮＳで知って、改装工事を手伝いに行った、久しぶりだった。サッポロの５００ミリリットルをふたりで買いに行って呑んだ。ハヤトくんはスッポンレコードのＳｕｐと書かれたＴシャツを着てたんだった。そのまま店を手伝うことになって、ハヤトくんは難波の千日前を雄々しく歩く時に、おまえとまさかこんな風に歩くことができるとは、と言ってくれた。僕もそっくりそのままその気持ちだった。

ハヤトくんはご飯炊き用の土鍋を買ってくれた。僕は毎週それを使って、カレーとかカオマンガイを作って売った。それはそのまま僕の収入になった。カレーを炊くのは拾った銅鍋だった。目《め》無堅間《なしかたま》（ＭＮＳＫＴＭ）という名前のそこは、入り口にボタンが付いていて、そこを押すと中の連動したライトがチカチカなる仕組みだった。マリファナやいろんなものが回っていた。鍵を閉めてはそういうことをしていたけど、いつのまにか鍵もしなくなっていた。

目無堅間で溺死と十年ぶりに会った。溺死は「負けない」とか「ROLEX入手方法」を歌った。真っ正面からラップをしてて、ラップのど真ん中で仁王立ちだった。むちゃくちゃ格好良かった。一晩でアルバムを、ゲボさんの一軒家でハルビンズ弐拾伍のアルバムをレコーディングした頃から十年。到底一晩では到達できない言葉を溺死は錬成してた。東京に引っ越して精神を少し崩して、僕と同じ薬を飲んでいるらしいとハヤトくんから聞いた。会えて嬉しいのも含んで、「負けない！」と溺死がラップした時、負けろ！とガヤを飛ばした。本当は、負けてもいい、とか、負けるはずないだろう、というような気持ちだった。それで少し喧嘩した。

千葉雅也の『デッドライン』のあとがきで、町屋良平が「小説には結論はないのだ。ここからは読者こそがその先へ進まなければ」と書いていた。溺死と再会してからもう五年が経って、もう一度会ったのはタラウマラでだった。溺死はMNSKTMというイベントに出演するため来阪していた。

ＭＮＳＫＴＭは、ハヤトくんの目無堅間が名前と形態を変えたイベントだった。あの時はごめん、僕はこんな気持ちで負けろって言った、と溺死に言った。溺死は、あの時はお互い若かったし、僕も状態が悪かったから、と笑っていた。サイモン・シンの『フェルマーの最終定理』、あれ僕読んだけど全然理解できてないと思うわ、と言い、溺死はあれは良いですよ、スペクタクルですよ、と言ってもう一度笑うのだった。その僕と溺死をかんちゃんは写真に撮り、僕はかんちゃんと溺死の写真を撮った。今くらちゃんからメールが来た。くらちゃんのお嫁さんが妊娠三か月だということだった。おめでとうとメールした。

町屋良平は繰り返しみたいに言うのだった。「変わったのは読者の方なのだ」

その日、僕はシェアハウスから引っ越したての西九条の、マンション第二白鳥でモトキくんのラップをレコーディングしていた。先輩だけど直接の先輩ではないし、ケンから紹介されて何となく一緒にいたような人だったけど、そのケンはこの間一晩中モトキくんに弄《なぶ》られてしまっていた。

理由は分からない。結局一グラムとお金をモトキくんに約束する形でその夜は済んだ。

僕はモトキくんの言いつけで、そのとき持っていたiPhone4を使って、その約束を録音した。それをモトキくんは笑いながら何度も繰り返し聞くので、反吐《へど》が出そうだった。愛想で一緒に笑う自分にはもっと反吐が出そうだった。

僕は少し前、近鉄の大阪難波駅前でドラッグを取りに行く途中、鍵をかけずに自転車を放置したのを見咎めた警察と、押し問答になっていた。途中でモトキくんが電話をかけてきて、その電話を警察と代わるとなぜか「そのまま行っていい」ということになった。モトキくんに救われたと思った。

押し問答の最中、難波駅前を犬の散歩中に通りがかったハヤトくんは、顔の横に手でバランを作りながら、そっと目線をそらしたのだった。当たり前だ。でも僕はあっハヤトくんや、ハヤトくん、ハヤトくん久しぶりです、と声をかけてしまった。ハヤトくんが警察と少しだるそうに話しているのを、僕は黙って見てた。一緒にいた友達もだるそうに、でも黙って見てた。モトキくんは何もないところから、何もない答えを出すのが異常にうまかった。

それはでもずいぶん前だ。目無堅間に立つようになってからは、僕は生まれ変わったような気持ちでいてた。すぐそこに、前世みたいに過去があることを忘れてしまっていた。ハヤトくんはその時のことを笑って話してくれるから、許されたような、もっと言えば無かったことのように思っていた。あの時はひどかったですねと相槌を打ちながら、僕はまだカジュアルな方のドラッグを常用し、安心だというような感じで、自分の過去のことも一緒に馬鹿にしたりしてたんだった。

だからある時、目無堅間にモトキくんの友達がふらっと現れて、僕のポケットに注射器をそっと入れるようなことになった。その時は入れてくれた、というような気持ちだった。そのまますぐトイレに駆け込んで、すぐに電話番号を聞いた。あの時の恩情が絡んだ気持ちで、またすぐモトキくんと会うようになった。モトキくんが、前の僕の九条のアパートに文字通り土足で上がって来たことは、部屋が汚れていたからとかいうことで納得してしまっていた。それで味園ビルに向けたラップ、効きすぎて声もろくに出ない状態の、そのラップを何回も録音ボタンを押しては聞いて、やり直し続けていた。モトキくんは今ラップをしているけど、本当はギタリストだった。

モトキくんは何やら何々組、とか、若い衆、とかが出てくる電話で約束を取り付けてきた。僕の持っていた大量のしょうもないもの、クッキーにしてやっとの、捨てるところに困っているから引き取ってくれというマリファナの売れない部分、それをごまかして大量に売り付ける、そのプランを済ましてきてた。お金からドラッグ、ドラッグからお金へ、そのお金からもう一度ドラッグへの変換も済ませて、だからその日はモトキくんも、友達も、たくさん持っていた。僕もそれをさっき買ったから、たくさんあった。

今日はサンガくんが久しぶりに大阪でＤＪをしてくれる、目無堅間でそのパーティーを僕が開催する日だった。いや、翌日か、だから次に開催するパーティーの、仮フライヤーを作ろうと思っていたんだった。今日、次に出てくれるＤＪからＯＫをもらったので、その正式名称をネットで調べていた時に、モトキくんが「さあラップを録ってくれ」となったんだった。

僕はガレージバンドというアプリを開いて、録音ボタン、モニターはいけてますか、トラック大きくしましょうか、これでいきますね、それでは一、二、三、ハイと言ってから、すぐグーグルの画面に戻って、ＤＪの正式名称とそのＤＪのイメージにピッタリ合う画像イメージを探すんだとパキパキしていた。

ヘッドホンはひとつしかなくてモトキくんがしてるから、モトキくんの声だけで、終わりや始まり、とちったとかうまくいったとかを僕は聞いていた。どうだった？　と訊かれたので、別のところから持ってきたような言葉で、味園ビル、あの駐車場で僕月を見たことがあるんですね、その気持ちになりました、掠れた低音のような声で今歌ったのはあの地下駐車場もイメージさせるのでいいと思います、とか言ってもう一度聞く。ここをこうやって残して、ここをもう一度歌ってみる、というモトキくんの指示に倣ってそれをそうする。繰り返しは続いて、僕はグーグルの作業も繰り返していて、ガレージバンドが何回も走りっぱなしになっていた。

「一回休む」と言ってモトキくんはベッドに座って、深く息を吐いた。ベッドに戻る途中、机とベッドの間で格闘技を観ている友達の膝を、モトキくんはさっと触った。こういう最中は、女性も男性も、一切境目がなくなって一瞬欲情したりする。行動には移さないけど、男性同士、女性同士のそれも含めて欲情したりする、その欲情の一種だと思って振り向いて、僕は「エナジー溜めてくださいね」と言ってグーグルの画面に戻った。途端に、僕の椅子が蹴りあげられた。

何のことかは分からなかった。姿勢を崩して床に膝をついたけど、すぐまた笑った。何のことか分からなかったから、どうしたんですか、と言った。友達は、その僕の態度が気にくわないこと、そのもっと前からのパソコンの、片手間に録音していること、そのもっと前の僕の、焼きそばのアレンジなどについて怒っていた。普通のソースでええのにおまえ、わざわざ塩とかにして意味分からんねん、おまえのその笑ってない感じとか、すぐひねくれて自分になるところとか、そういうのはもうまじでええねん、真面目に録音したれや録音、ちゃんとその間もちゃんと見とけや、俺はちゃんと見てたけどおまえ見てへんから失敗すんちゃうんかなど言うので、僕は言い返したら長くなると思って、精いっぱい顔を歪ませて何も言わなかった。モトキくんは吸って吐いてる、なあ、ちゃうんかおまえ、と言って僕の肩を足で押す、その友達の白色のハイソックスは土踏まずの部分だけ綺麗に白色が残っていて、足の底が見える度にそこだけ気になった。なあ、は、次第にだあ、みたいになって、その空洞の口の、歯がないということは、やっぱりモトキくんのを……と連想が止まらなくなったりした。ぼくはかかとを上げた正座の姿勢のままずっと顔を歪ませていて、あごとこめかみが一緒になる気持ちがしていた。

ここにサンガくんが泊まるから、と思って注射器を片付けようとしたけどそれは許されなかった。そのままみんなで家を出た。モトキくんとその友達の、ごまかして売りつけた相手の先輩が、お金を返せと言ってきたからだった。
「要するにおまえのもののせいだから」と言うふたりに、僕は心底悲しくなっていて、今は悲しいと言えるけど、その時は悲しいと思っていたのか分からない。「僕は関係ないのでふたりで話をしてきてください」とやっと言ってパーティーに向かった。

借りた車は自宅前で駐車違反の切符が切られていて、その紙を保管したままだった。VJやDJを送ったりするから、と借りた車だった。やけな気持ちはひとりになった時だけで、サンガくんを大阪に一緒に呼んだショウくんや、久しぶりにそこで会った彼女や、遊びに来てくれたみんなと会って話して、おまけにサンガくんは予定より二時間も多くDJをしてくれて、灼熱で、ノリくんが最後に花電車をかけてくれて、腕がちぎれるほど踊った。サンガくんを家まで送って、朝御飯は自宅近くのマリオーネでちくわパンとかバゲットとか、美味しいパンを買って彼女に渡して、ピクルスを買ってあるからそれなら食べれると思うから、と言って僕は言いつけの駅まで車で行った。

ふたりが話をつけたというその駅には誰もいなくて、電話もふたりは出なかった。もう夕方だった。なんやねんもう、もうなんでもええわとロータリーに寝転がった。僕はそのまま眠ってしまった。

電話で起きた。もうサンガくんは今日の現場に着いている、彼女も自宅に帰っているとメールが溜まっていた。着信はハヤトくんからで、おまえの友達ふたりが店に来てる、金を所望してる、最近ラップもしないおまえはどうしたんや？　おまえほんまにタキの弟か？　タキに恥ずかしないんか、俺は金はないし、俺にできんのはもうこれまでや、おまえちゃんとおまえをせえよ、ちゃんとケリつけてくるんやぞ、と優しく言うのだった。

僕はモトキくんとその友達のふたりに、駅に来たけど誰もいなかった、自宅で待っているから話をしましょう、という旨を震えながらメールした。震えながら車で、今度はパーキングにちゃんと入れて、震えながらドアを開けて、自宅に入ってドアを閉めて、ドアの方に振り向いて、すぐそばにあった包丁を震えながら、思いきり握って立った。むー、とか、うー、とか、それに濁点をつけたような声を出しながらだった。

「マリヲくんまた今度店遊びいくわ」「マリヲ今日もええ感じやな」「マリヲくんそれは人徳やで」「マリヲヒップホップやってるか」「マリヲいっちょここから変えていこか」「マリヲさんてそういうところありますよね」「マリヲ今日呑んでへんの」「マリヲに会えると思ってなかったわ」「マリヲ何してんの」「マリヲは病気じゃないと思う」「マリヲ今日やばかったな」「マリヲ大丈夫」「マリヲってどこから買ってんの」「マリヲくん今日チケット五枚ありますすか」「マリヲ今日なんか持ってない、交換しようや」「マリヲ危ないて」「マリヲええこと教えたろか」「マリヲくん残像みたい」「マリヲあの時のこと覚えてへんの」「わたしマリヲのちんちんやったらしゃぶれるわ」「マリヲバードキスみたいな動きするなよ」「おまえマリヲって言われてんの」「マリヲくん今度キャンプ行こな」「マリヲくんのアシッドやっぱええな」「マリヲくん今日も舌青いで」「マリヲまた寝てんの」「起きろマリヲ」「マリヲおまえ何考えてんねん」「マリヲおまえは恵まれてる」「マリヲのカレーなんか知らんけど美味しかったわ」「俺マリヲに感謝してることあんねん」「マリヲ死にたいとかあんまり言うなよ」「マリヲのおかんもマリヲと一緒でおもろいな」「マリヲ『ムーン・パレス』読んだか」「マリヲくんに本借りてんの今思い出した」「マリヲくん元気ですか」「あマリヲくんや」「マリヲ仕方のないことなんてないからな」「マリヲくん毎度す」「マリヲおごるわ」「マリヲ祝福してくれ」「マリヲは下僕やから」「マリヲ緊張してる」「マリヲのそれは言いがかりや」「マリヲめんどいからな」「マリヲ顔灰色やで」「マリヲくん待ってるわ」「マリヲがキューピッドやから」「マリヲ酒呑もや」「マリヲくんベルリン行ったことあんの」「マリヲやったら毎日呑みにくるけどな」「マリヲくんちょっとさっきのは引きました」「言い出したのマリヲくんですよ」「やっぱりマリヲか」「マリヲやと思ったええかげんにせえよ」「マリヲやったらしゃあないか」「マリヲごめん遅れるわ」「マリヲくん言って良いことと悪いことあるんすよ」「マリヲは実体がないから」「マリヲええからはっきり言えよ」「マリヲ自分で決めろ」「マリヲくんごはん」「マリヲくんお腹すいた」「マリヲには相談できへんわ」「マリヲくんやったら分かってくれると思う」「マリヲくんの声がいいから」「マリヲくん楽しんでる」「マリヲくんそんなに急がんでいい

で」「マリヲくん睫毛長いねんな」「マリヲくん口臭い」「マリヲがおらんくて悲しむ人もおんねんで」「マリヲくん」「マリヲくんまた」

フネくんもタキさんも死んだ。
ケンもどっか行った。
僕ももうどっか行ってもいいか。
まだ何かやんのか、しんどいなあ。と言ってもう一度、床に包丁を刺した。
メールも電話も全然鳴らない。
粥くんが言っていた「静寂の音圧」ってこういうことかと思った。
眠って起きたらまたこんなんでも、どうせ何かを欲しがるんだろう、と思っていた。

西成の入船温泉は高いから頻繁には行かないけれど、今日はホテルダイヤモンドに自転車を借りて行った。陰茎をたくさん見て、僕と同じで陰茎の皮が剝けていない人が多いように思った。

いつだってルーチンは崩さないように、サウナに二回、水風呂に二回、電気風呂に二回入る。若い女性スタッフが桶の垢を擦って落としている中でも絶対負けないんだと思ってルーチンを繰り返した。

排水溝の近くに座った洗い場で、シャンプーやリンスの小瓶、石鹸が漂着していた。それを拾って捨てようと思ったけど、慌てて思い止まった。常連は他にいるんだと思ったからだった。これは常連のやることだ。

ダイヤモンドにいつも居てる若い現場作業員風の三人組に、沖縄出身かどうかを質問された。僕はどちらかと言えば北海道の方です、と言うと、道産子っすか、と言って人差し指と親指を口に当てるのだった。お兄さんもいかはるんですか、と言うので、母親とか父親はいってたんちゃいますかね、ヒッピー世代やし、と言って部屋に戻った。

いよいよ危ないと思う。危ないというのは、関係ができて面白くなってきた、と思っている方も含んでそう思う。

僕がなっていいのは行きつけまでで、絶対にもう常連にはなってはいけない。

熱海

熱海で彼女が失踪した。

海沿いの家を一軒一軒ピンポン押して回って、こんな感じの女の子見ましたか？　と言って海沿いの、洞穴みたいなところも見て（今思えばそっちの方がえらいことだけれど）、ヤンキーがベロベロの女の子を海岸で追い詰めていて、それを彼女と勘違いして守って、全然違うやんと言って腕を離す。腕の、柔らかい乳房の感触が残ったまま、最終的には全員と仲良くなる、みたいな夜があった。

無理して入った小料理屋で、関西と関東の電気のヘルツのことで嫌味を言われたのを覚えているから、あれは福島第一原子力発電所事故の時期だったと思う。その時は思い付きで少しのドラッグと、人から借りた五万円を持って電車に飛び乗った。

彼女がリゾートバイトを熱海でしていたからという理由で、熱海に行った。熱海に着くくらいにちょうどドラッグは身体から切れて、JRの駅で彼女は発狂した。鉄道警察と一緒になって警察が保護しようとするので、僕はそれでもいいかなと思って他人事みたいに所作してた。

かっぱ温泉やマンガ喫茶などに泊まっては、少量のドラッグを少しの安心のようにした。

テンサクくんの家に、そんな大変な時に行こうと思ったのは、やっぱり僕も気が狂っていたと思う。テンサクくんの家に着く少し前に、駅で、針の折れた注射器を植え込みに投げ入れた。海に投げ入れなかったのは、どうか捕まえて欲しいというような気持ちだったかもしれない。

テンサクくんの家で二日寝て、彼女の汚した毛布を見えないように隠して、逃げるように家を出た。

それからしばらくして京都の村屋での催事の際、みんなに会った時に感じた違和感は、だからそういうことをずっとしていたからだと思う。コンデンサーマイクをサランラップに巻いて水に浸してレコーディングもどきをして、マイクが壊れたことをようやくその時謝った。自己満足だ。


彼女とは、彼女じゃなくなってからも時々会っていた。ドラッグが手に入った時が多かった。ホテルで彼女は泣いて、あなたはドラッグが無いと私に会わないのじゃないか、と言った。僕は返す言葉がなくて、ベッドの端っこに座って頭を掻きむしった。

ホテルのこれね、水を汲んで持ってくるこのコップ、これは僕はこういう仕事をしていたから分かるのだけど、トイレやバスタブを拭きあげたバスタオルでそのまま拭いて、除菌済みのナイロンをかけておくんです。それは時間と担当の部屋数が合っていないからそうなるんですね、だから僕は一回煮沸みたいにして熱湯を入れるでしょう、それはそういう理由からなんですよと中空を見ながら言った。

彼女は目を涙でいっぱいにして、それは前に一回聞いた、と言った。

向こう岸

朝の八時半。

義兄の不用品回収のアルバイトに行く前の買い出しは、豊中の駅を降りて少し歩いたところにあるローソンで。伊藤園の濃い茶、百五十円くらいのパン、百円くらいのパン、コーヒーのS。それを飲んで、食べて、トイレに行って、義兄のトラックを待つ。雨の日は中でLoppiなどを見る。

いつも同じような顔ぶれの人がいてることは嬉しい。そのうちのひとり、いつも身綺麗にしているOLらしき人が、Loppiの横のコピー機に、ペットボトルの水と宝焼酎の青キャップをドンと置いた。びっくりして見ていると、水を三口ほど飲んで一旦置き、宝焼酎の中身を全部そこへ移した後、鞄にペットボトルをストンと入れてさっと出るのだった。慌ててどちらへ行ったか目で追っても、もう見えないくらいの早さだった。

そのことをかんちゃんにメールで伝えると、「そのコンビニでは普通のことだ」と返信があった。携帯電話から目をあげると、本当に若い別の女性がお茶のペットボトルで同じことをして、初老の男性に至ってはワンカップを一息で空けて颯爽と去っていった。


義兄のトラックが到着して、いつもと同じように散らかったダッシュボードを、いつもと同じように少し整理してから乗り込んだ。

その日の仕事中はとてもイライラした。自分のせいだ。一緒に仕事をしている人の、少し遅い話し方にまでイライラする始末で、もっと優しくならないとダメだとずっと思っていた。

ボーナスみたいに出てくる商品券、黒真珠など、それらを目を皿のようにして探して作業していた。それは昨日、去年一年間で必死に貯めたお金を、アキ姐に全部振り込んだところだったからだと思う。もともと借りていたお金を返したんだけれど、手元に無くなると惜しくなってしまう浅ましさは全然あった。

通常作業でイライラしているということは、圧倒的に優しさが足りていないということだから、次の義兄のアルバイトでは「疲れた」とか「早く帰りたい」ではなく「よし、やりきってしまおう」とか「これが終わったら次だ」みたいなことをたくさん言おうと思った。

アキ姐がお金を貸してくれたのは、たまたま一緒にいてる時に、アキ姐の知り合いのものを所持していて連行されたから、その責任を感じてのことだと思っていた。そのせいで弁護士の工面をしてくれたり、ほぼ毎日留置所へ面会に来てくれているのだと思っていたけれど、それは勘違いだった。天河さんの名前を借りて裁判所から保釈金を借りて出た時、僕への恋愛感情もあったのだと知った。

いま「勘違いだった」と書いたけれど、少しはそうかもしれないとも思っていた。留置所の面会担当職員にもそう言われていたけれど、「僕にそんな利用価値なんてないですよ」と話をはぐらかしていた。自分が弱い立場の時に現れるこすっからさ。

アキ姐はそれから、自身の信じる宗教の祈祷を施してくれたり、しばらく行けないからと高級な旅館へ連れていってくれたりした。それでも僕はアキ姐の気持ちに応えることはできなかったから、アキ姐の家に警察が来る騒ぎになったこともあった。

アキ姐は衣装ケースの中にあるタンス貯金をガッと掴んで、「この家の金は全部ここにある、ここやからな」となんでか言って、僕はたぶん「僕は娼夫《しょうふ》とちゃうねん」というようなすごいひどいことを言い、「もう死ぬ」と繰り返すアキ姐を白けて見ていた。警察は「お兄さんも、もうちょっとちゃんとせなあかんわ」と言って、呆れて帰っていった。

帰った後のその部屋、そこには文庫本のカバーが山積みになっていた。見覚えのあるタイトル群は留置所で僕が読んでいたものだった。アキ姐はその部屋で、文庫本からカバーを取ってから、なにわ署へ差し入れてくれていたのだと知った。

見えないでいた優しさが見えて、騒々しいような一方的なひどい気分に僕はなって、「酒もしくはドラッグはないのんか」と言った。アキ姐は「おまえに使った金、全部返してもらうからな」と言って泣いた。

それから三年後の昨日、それを返し終わった。アキ姐からの返信はもうなかった。

ダルクの仲間のケイに久しぶりに会った。ケイは歯が二本くらい無くなっていたので心配すると、ケイは現場作業に行きながら、ずっとドラッグをしてしまっているとのことだった。捕まらなかったら良いのだけどね、とふたりで言った。ケイは遠い目をして、「でもなあ、楽しくはないのよなあ」と言って、ビールの缶を空にした。

じろうくんは最近、親戚のお姉さんの家に行ってはふたりで酒を呑んでいると言っていた。僕は要らぬお節介をして、じろうくんが最近、心療内科でバイアグラを所望する理由は、ふたりでドラッグをしているからではないかと言ってしまった。そうなると死んでしまうと思ったからだった。じろうくんは「関係がもう無くなっている」と僕に言い、そのあとで「親戚のお姉さんを愛している」と言った。

あんまり落ち込まないでいてほしいと思う。人は死ぬ気になったらなんでもできるとよく言うけど、それはもう死んでもええわとは種類の違うことでしょう。

僕は他人に「なる」ことができるらしい。

自分でも少しはそう思う。自分で止められない時もたくさんある。意識しないと、持っていかれてしまう。自分に入り込んだ自分でない他人が、大きな判断を下している時も、たくさんある。

今年いっぱいでタラウマラを退職することが決まった時、僕は冷静さを欠いて、土井さんに「嫌だ」と言った。嫌だと言ったところで、もう決まったことは変えられないことだとも思っていた。自転車屋で独立するといっても、僕は淡路以外で街に受け入れられたためしがないので途方に暮れた。タラウマラに寄り掛かっているような気持ちも、後ろにタラウマラという存在があって安心している気持ちも、あらためてその時味わった。まだ何も恩返しが出来ていないという気持ちはその数倍あった。

ありがたいことに、二本の電話があった。格好悪くても嫌だと言い続けても良いという意見と、一旦外に出て、タラウマラの外から恩義を返す方法がいくらでもある、という意見だった。

僕はどちらも本当のことだと思って、どちらの意見も土井さんに言った。決まったことは、つまり僕が選んだことだ。僕は何回でも僕にならないといけないし、自分を自分に取り戻さないといけないけれど、それか思わぬことから形になっていくことも同時進行で起こるので、はっきりした自分というものはまだ手に入らないと思う。まだまだ与えられたという感じだ。

ではそのふわふわの、自分がやりたいことというのは本当のところ何なんだろう？と思う。好きとか嫌いで考えると、よけいに何がなんだか分からない。名前を発すると世界が形になっていってしまうあの感覚などは、実はとても良いものなのかもしれない。自分の好きや嫌いが反射して、その返ってくる速度で自分というものを計って、その上で、その世界の中で、してもおかしくないことを決めていくような感じ。

根源的な衝動が自分の中にないことは恥ずかしいことだと思ってしまうけれど、しょうもないもんや、そんなもんやと思う。他人に「なれる」ことを使って、いっちょまえにスパークしたれや、とそんな風に思う。

淡路の街で自転車屋で独立するとまだ息巻いていた九月二十三日、タキさんの命日にハガケンくんと会った。ハガケンくんは、僕が淡路で自転車屋をやるつもりなことに心底驚いて、それはダメでしょう、タラウマラのライバル店になってしまうじゃないの、と言った。寝屋川のBAR ADOでだった。「でもやるんだよ」ですよとか「どげんかせんといかん」ですよとか騒々しい僕を、みんなけ優しく笑ってくれた。

独立は良いことだとハガケンくんは言って、スーパーカブで仙台から三日かけて来たことを教えてくれた。レーナード・スキナード、イーグルス、ZZ TOPを聴きながら来たよ、カブでサザンロックもいいもんですよと言っていた。翌朝、先に帰った僕の携帯電話に、ADOさんから「ハガケンまだ寝てる」という写真付きメールが来た。そうかムキになっていたんだな、と不思議に落ち着いて、カメラロールに保存してからちょっと拡大したりした。

少し前に、ケンがよく出入りしているというお店に近い女性と話したことがあった。僕はその女性に、ケンに会ったら「僕けまだその店には行けない」と伝えて欲しいと言った。酒を呑んでいる人たちの中で自分だけは呑まないことは、僕にはたぶんできない。行けない場所が僕にはまだまだたくさんある。最近、SNSでケンの姿を見たら、よけいに眉毛がハの字になっていて、優しい顔をして笑っていた。

母親と一緒にばあちゃんの見舞いに行くことになった時、川西という街のことを思ってうんざりした。新興住宅地が年老いて、そのまま取り残されてしまったような街や人を思ってしまう。それらは自分の中に入ったままだから、その空気を吸うとすぐに自分もそうなってしまう気持ちがする。ばあちゃんは好きだけど、他の全部は嫌いだった。

ばあちゃんはワゴンの動く音や、心電図の音、母親の矢継ぎ早な質問にもいちいち首を上げて反応していた。点滴を抜いてしまうからと、手にはミトンの手袋まで着けていた。僕はついばあちゃんのおでこを触って、もう無理せんでええねで、と言ってしまった。深く頷いた気持ちがした。母親とは、面会の十分間も、一緒に居ることができなかった。帰りの電車の中で、やっぱり見えるもの全部にうんざりした。でもそれも、僕がそう思っただけのことだと思う。

今日の宿泊は来山というドヤにした。バスローブ姿でエレベーターの中やロビーにまで移動してる女性がいて、平和の象徴のような気持ちになった。サウナも熱くないけどある。珍しいサウナや良かったサウナがあると、つい話してしまうケイタくんは、もう十五年はサウナに通うサウナ通だ。ウーバーイーツの配達の途中のケイタくんと、タラウマラでいろんな話をした。ケイタくんは僕がセーニングに行くことや、サウナに行くことにとても驚いた様子で、「ワンコインの楽しみをマリヲもできるようになったんか」と喜んでくれた。大人になったな、というようなことは、同い年のふたりで話しているとおっさんになったな、ということに落ち着いてしまうので、いつもそこで笑ってしまう。

僕も来年はウーバーイーツで原付で、空いた時間にしっかりやってお金を貯めようと思う、とケイタくんに言った。途端にケイタくんは渋い顔になって、マリヲはまだリスクがあると思う、だから電動自転車の方が良いのじゃないか、と言ってくれた。その通りだけど、その通りだから少し悲しかった。僕と土井さんがまだふたりでタラウマラに居るうちに、ケイタくんは恩返しがしたい、と言ってレコードを持ち帰った。タラウマラにあるレコードだけでミックスCDを作ってくれると言っていた。ケイタくんが背中を向いて帰ろうとした時に、僕は「あの時はありがとう、本当に救われた」と言った。でも、「ええから家《うち》でワイン呑もや」のことを、ケイタくんはまったく覚えていなかった。驚いて、笑って、それからまたしばらく話し込んで、ウーバーイーツのアラームが鳴ったのでケイタくんはイヤホンをして配達に行った。

四日間のポップアップに参加したキヨちゃんは、一緒に参加したアクセサリー・アーティストの作品を買いたい、と珍しく言った。給料日の後で少し余裕があったので、それはぜひ購入した方がいいと思う、と言って少しだけお金を渡した。

キヨちゃんが買って帰って来たのは指輪だった。カラッとしているキヨちゃんを、僕は意外に思った。指輪なんてのはオトコが気合いを入れて給料の何か月分かを、などと考えているとキヨちゃんはその指輪を嵌めた人差し指を見せてくれて、ありがとう、とても嬉しい、と言った。僕はあっと思って慌てて、「結婚しようか」と言った。キヨちゃんは喜んでしばらく転がった後、でもあなたは今パンツ一丁だから、また今度もう一度やり直してね、と言って笑った。

明日は、千成屋でモーニングを食べてから免許の更新に行く。

国道43号線の向こう岸は、まだ僕が行けない場所が多くて、だからずっと行けていなかった。だけど、千成屋は中村さんがいつもチケットでモーニングを食べさせてくれたところだ。中村さんは優しかった。コーヒーは美味しかった。今までのいろいろを思い出しながら、小巻やの五目チャーハンを待っている時にそう決めた。

向こう岸だけど、明日なら絶対に行けると思った。

（了）

初出一覧

「ダルク体験記」（Face Time vol.1／タラウマラ）
「へらずぐち」（Face Time vol.2／タラウマラ）
「中（旧題・バスルームイズバトルフィールド）」（Face Time vol.3／タラウマラ）

他はすべて書き下ろしです。

世の人

２０２３年３月30日　初版発行

著者　マリヲ
カバー人形制作　高橋昭子
装丁　川名潤
発行者　北尾修一
発行所　株式会社百万年書房
〒１５０－０００２ 東京都渋谷区渋谷３－26－17－３０１
電話 ０８０－３５７８－３５０２
http://www.millionyearsbookstore.com

印刷・製本　中央精版印刷株式会社

JASRAC 出 2300401-301
ISBN978-4-910053-36-3

暮らし 01

せいいっぱいの悪口

堀静香＝著

本体 1,700 円＋税　1c224p ／四六変・並製
ISBN978-4-910053-31-8 C0095

今日生きていることも、昨日生きていたことも全部本当。明日生きたいことも本当。今がすべてで、いやそんなはずはない。適当で怠惰であなたが好きで、自分がずっと許せない。事故が怖い。病気が怖い。何が起こるか分からないから五年後が怖い。二十年後はもっと怖い。今がずっといい。でも今が信じられない。なのに、今しかない。（本文より）